RAN AN DIE NÄHMASCHINE!

Herausgegeben von Search Press Limited,
Wellwood, North Farm Road,
Tunbridge Wells, Kent

Originaltitel Girl with the Sewing Machine

Übersetzung: Anja Neudert, Leipzig

Lektorat: Maria Bonilha, Leipzig

Fotos: Roddy Paine Photographic Studios

Satz: LV MediaPro
im Landwirtschaftsverlag GmbH

Druck: Westermann Druck Zwickau GmbH

ISBN 978-3-7843-5541-2

Widmung

Für Ineke, die mich dazu inspiriert hat,
nicht nur ein Hochzeitskleid, sondern ein Kunstwerk
zu erschaffen. Wenn wir damals nur geahnt hätten,
was du damit lostreten würdest!
Du wirst mir immer eine Inspiration sein.

Für meine Mom (Lain), meinen Dad (Roy)
und meinen Bruder (Rob). Ihr seid immer für mich da,
wenn mal etwas nicht so gut läuft. Ihr habt mich ermuntert,
nach den Sternen zu greifen, und gleichzeitig dafür gesorgt,
dass ich auf dem Boden bleibe.
Ihr habt mir immer gesagt, ich solle tun,
was mich glücklich macht. Und das mache ich jetzt.
Ich liebe euch!

Für meine Schwiegereltern.
Ich kann mich glücklich schätzen, ein Teil eurer Familie
geworden zu sein. Danke für eure Liebe,
Unterstützung und Ermunterung.

Für meine Freunde und #sewingrevolutionists:
Ihr habt tapfer als Versuchskaninchen für meine Workshops
und schriftlichen Anleitungen hergehalten,
habt mich begleitet und immer wieder inspiriert.
Viva la #sewingrevolution!

Für meine Muse, meinen Mann Kirk.
Wie du bei unserer Hochzeit gesagt hast:
Ein Leben ohne dich ist möglich, aber sinnlos.
Besser kann ich es auch nicht ausdrücken.
Ohne dich wäre all das nicht möglich gewesen.
Danke, dass du an mich geglaubt hast, als mir der Glaube
an mich selbst fehlte. Ich liebe dich!

Danksagung

Ich danke der Firma Korbond für die Bereitstellung
von Werkzeugen, Zubehör und Kurzwaren, nicht nur für dieses
Buch, sondern meinen ganzen #sewingrevolution-Traum!

Ein besonderer Dank für wunderbare Stoffe,
aber auch dringend benötigte, aufmunternde Worte
geht an Jules von Sew Me Something, Ellie von The Bolt Tree
und Brenda vom Inkberrow Design Centre. Danke, Ladies!

Ich danke Abakhan & Craft Cotton Co. für die Bereitstellung
wunderschöner Stoffe, Janome für die Bereitstellung
der Nähmaschine und der Overlockmaschine, Colouricious
für die Unterstützung meiner Leidenschaft für Blockdruck
sowie Vilene für die Bereitstellung der Bügeleinlage.
Vielen Dank für die Unterstützung!

RAN AN DIE

NÄHMASCHINE!

MIT JENNIFFER TAYLOR

✔ Deine neue Wohlfühlmode

✔ Ganz ohne Schnittmuster

✔ Nach deinen Maßen

SCHRITT FÜR SCHRITT UND GANZ ENTSPANNT ZUR EIGENEN KLEIDUNG

SINGER

56 57 58 59 60

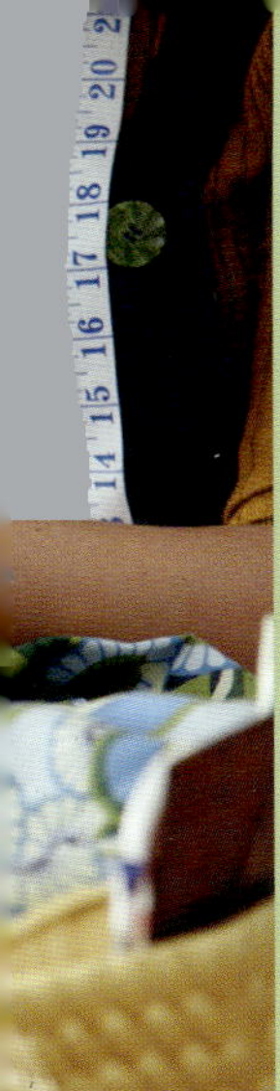

INHALT

EINLEITUNG

Da ich mir das Nähen selbst beigebracht habe, gehe ich damit sehr unkompliziert um. Ich bin ungeduldig – ich will sofort loslegen und so schnell wie möglich etwas Neues zum Anziehen haben. Ich will auch bei jedem neuen Projekt neue Techniken erlernen und meine vorhandenen Fähigkeiten ausbauen. Dieses Buch steckt voller Projekte, die euch genau das liefern: Kleidungsstücke, die entweder aus Sachen entstehen, die ihr bereits im Schrank habt, oder die ihr nach kurzem Maßnehmen ganz unkompliziert komplett selbst anfertigt. Genau so habe ich mir selbst das Nähen beigebracht, und ihr könnt das auch.

Für mich ist das Nähen so etwas wie eine Superkraft. Es verändert nicht nur, wie man aussieht, sondern auch, wie man sich fühlt. Aber Achtung: Es macht süchtig! Ich möchte mein Wissen weitergeben und jeden ermuntern, es mal auszuprobieren. Darum geht es bei der #sewingrevolution.

Auf meinen #sewingrevolution-Workshops beobachte ich immer wieder, was ich auch bei mir selbst festgestellt habe: Mit jedem Werk steigt das Selbstbewusstsein. Um euch auf dem Weg in die Nähwelt zu begleiten, habe ich in dieses Buch ein paar Projekte aufgenommen, die ich im Laufe der Jahre selbst umgesetzt habe, angefangen mit dem Vintage-Nadelkissen in einer Teetasse (S. 20–25). Ich erzähle auch, was mich zu meinen Werken inspiriert hat, zum Beispiel beim Fransentop (S. 50–55). Ich will euch zeigen, dass man nicht erst Stoffe und Schnittmuster kaufen muss, um loszulegen – siehe mein Mantel aus einer Decke (S. 112–121). Allerdings kann ich euch versichern, dass es nicht lange dauern wird, bis ihr Stoffmärkte und Stoffläden unsicher machen werdet (S. 14–15). Mein Anliegen ist es, euch mit jedem Stich in eurer Individualität und eurem Selbstbewusstsein zu stärken.

Schließt euch der „Nährevolution“ an und teilt unter dem Hashtag #sewingrevolution Fotos eurer Werke in den sozialen Netzwerken. Ich bin schon so gespannt darauf!

Facebook: Tailor-Taylor

Twitter: @JenniBobTaylor

Website: www.jenniffertaylor.co.uk

Ich freue mich immer, auf Veranstaltungen meine #sewingrevolutionists zu treffen. Wenn ich höre, was ihr Tolles genäht habt, weiß ich: Ich habe den besten Job der Welt!

WIE ICH ZUM NÄHEN KAM

Es war einmal ... ein Hochzeitskleid. Damit begann meine Reise in die Nähwelt ...

Ich bei meinem zweiten Geburtstag mit meiner Mom (Lain) und meinem Dad (Roy). Das ist eines meiner Lieblingsfotos von meinen Eltern. Sie sind immer für mich da. Dads Jeanshemd habe ich mir inzwischen unter den Nagel gerissen.

Als Kind habe ich mich an vielen kreativen Hobbys versucht, sei es Tanz, Kunst, Schauspiel oder Musik. Nach der Schule habe ich in Brighton (England) Tanz und Bildende Kunst studiert, doch nach dem Abschluss blieb die große Karriere aus. Also zog ich wieder nach Hause nach West Bromwich und nahm eine Stelle als Schuldeneintreiberin für den örtlichen Wasserversorger an. Nach zehn Jahren hatte ich mich zur Ressourcenkoordinatorin hochgearbeitet – eine gute Stelle, aber nicht gerade mein Traumjob. Meine Kreativität lebte ich inzwischen beim Malen und Kochen aus. Doch als ich als Sängerin in der Band „Snooty Bobs“ anfing, veränderte sich alles.

Eine Muse trat in mein Leben – Kirk Taylor, der Gitarrist der Band. Es dauerte nur ein paar Monate, bis er mir einen Antrag machte ... und ich sagte JA! Wir wollten beide keine lange Verlobung und setzten einen Hochzeitstermin ein Jahr später an. Dank der Band und meiner persönlichen Muse sprühte ich nur so vor Kreativität, also beschloss ich, mein Hochzeitskleid selbst zu nähen. Anhand eines abgeänderten Schnittmusters entwarf und nähte ich mein Kleid mit Unterstützung einer wunderbaren Freundin, Ineke Berlyn, der ich dafür ewig dankbar sein werde. Das war mein erstes komplett selbstgenähtes Kleidungsstück. Seitdem bin ich dem Nähen verfallen und meine Kreativität ist entfesselt.

Zum ersten Mal hatte ich das Gefühl, meinen individuellen Stil ausdrücken und Kleider nach meinen Vorstellungen herstellen zu können. Ich fing an, alte Klamotten, Bettwäsche und Vorhänge zu zerschneiden. Das mache ich auch jetzt noch gern, aber damals, als Anfängerin und pleite, wie ich nach der Hochzeit war, war das die billigste Methode, an Stoff zu kommen. Beim Umarbeiten von Kleidungsstücken habe ich viel darüber gelernt, wie Kleidung konstruiert wird, und ich entwickelte Ideen, wie ich ohne Schnittmuster eigene Stücke herstellen kann, einfach mit vorhandenen Teilen als Vorlage. Dann fing ich an, anhand meiner Maße eigene Designs zu entwerfen. Und ich arbeitete gern mit alten Schnittmustern, bei denen ich oft fehlende Teile durch Ausprobieren eigenständig ergänzen musste. Aber Übung macht den Meister!

Kirk merkte, wie sehr ich für das Nähen brannte, und meldete mich heimlich bei The Great British Sewing Bee an, einer Nähsendung, die ich zu der Zeit immer im Fernsehen schaute, um Neues zu lernen.

Snooty Bobs als Headliner beim Hare and Hounds, Kings Heath, 2010.

Man stelle sich meine Überraschung vor, als ich tatsächlich aus Hunderten von Bewerbern ausgewählt wurde und sogar durch das Casting kam. Schließlich nähte ich erst seit einem Jahr. Das Ganze kam mir vor wie ein Märchen. Kandidatin in einer solchen Sendung zu sein, war trotzdem eine regelrecht furchterregende Erfahrung. Nicht, dass ich mich vor Herausforderungen scheuen würde (man denke an mein Hochzeitskleid), aber das war mir fast eine Nummer zu groß. Zwar ohne langjährige Erfahrung, aber mit viel Fleiß und Perfektionismus wollte ich nichtsdestotrotz mein Allerbestes geben und dabei von all den anderen talentierten Teilnehmern so viel lernen wie nur möglich. Es war ein extremer Crashkurs im Nähen, und ich habe Kirk oft verflucht, aber insgeheim habe ich es geliebt, und ich werde es nie vergessen.

Nach der Sendung, als die aufregende Zeit der Scheinwerfer und Kameras vorbei war, fand ich keine Ruhe mehr – meine kreativen Ambitionen waren wieder geweckt. Ich war fest entschlossen, aus dieser Erfahrung etwas zu machen, traute mich aber nicht. Dann passierte etwas. Immer mehr Menschen nahmen mit mir Kontakt auf, erzählten mir, wie ich sie zum Nähen inspiriert hatte, und zeigten mir Fotos ihrer Werke. Ich finde es faszinierend, wie ein Mädchen aus West Bromwich, die einfach nur das macht, was sie liebt, andere Menschen dazu inspirieren kann, mit eigenen Händen etwas für sich und andere herzustellen. EURE Geschichten haben mich zu dem gebracht, was ich heute mache. IHR habt mich ermutigt, die #sewingrevolution auszurufen.

Diese Nährevolution begann mit kleinen Nähkursen in meiner Gegend, nach denen wir über die sozialen Netzwerke Fotos unserer Werke austauschten. Dann fing ich an, Anleitungen für Zeitschriften zu schreiben und Nähtechniken im Fernsehen vorzuführen. Bei Handarbeitsmessen, die jedes Jahr von Tausenden Teilnehmern besucht werden, habe ich jetzt immer meinen eigenen Stand und gebe Workshops. Nach vier Jahren hatte ich endlich den Mut, meinen Vollzeitjob zu kündigen. Ich wollte noch mehr Menschen diese kreative Tätigkeit nahebringen, die so viele glücklich macht, mich eingeschlossen. Ich fordere euch alle auf, seid nicht schüchtern und zeigt unter dem Hashtag #sewingrevolution eure tollen Werke, auf die ihr so stolz sein könnt! Und ganz wichtig: Teilt euer Wissen mit anderen, wie ich es mit diesem Buch mache. Jetzt möchte ich euch an die Hand nehmen und auf eurer Reise in die Welt des Nähens begleiten.

Alles, was ihr braucht, ist eine Nähmaschine.
Dann ist alles möglich ...

Jenni x

Bei meiner Hochzeit im August 2012. Ich in meinem selbstgenähten Hochzeitskleid mit selbstgefertigtem Spitzenstoff, Kirk im maßgeschneiderten lila Anzug mit Paisley-Hemd. Sind wir nicht total Rock ‚n‘ Roll?

Er unterstützt mich, wo er kann – Kirk und ich in Sachen #sewingrevolution an meinem ersten Messestand, 2016 in Birmingham.

NÄHKÄSTCHEN

Ganz schön scharf

Regel Nummer 1: Die **Stoffschere (1)** ist heilig! Kauft euch eine gute Schere speziell für Stoff, schließt sie weg und lasst keinen anderen ran! Das meine ich völlig ernst, jeder Friseur wird dasselbe über seine Scheren sagen. Eure Stoffscheren bleiben viel länger scharf, wenn ihr sie wirklich nur für Stoff benutzt. Und stumpfe Scheren können beim Zuschneiden den Stoff ruinieren! Deshalb habe ich immer eine Extraschere für Papier und eine kleine Stickschere zum Abschneiden von Fäden in Reichweite. Meine **Stickschere (2)** hänge ich mir an einem Band um, so muss ich sie nicht ständig suchen. Außerdem fühle ich mich mit Maßband und Schere um den Hals gleich wie eine richtige Schneiderin. Eine **Zackenschere (1)** ist sehr praktisch, um Stoffkanten schnell zu versäubern. Zickzackförmig abgeschnitten kann die Stoffkante nicht so stark ausfransen wie bei einem geraden Schnitt, und dadurch halten eure Werke länger.

Der beste Freund jeder Näherin ist der **Nahttrenner (3)**. Wir träumen alle davon, nie einen Fehler zu machen, aber glaubt mir, das ist unmöglich! Fehler passieren ständig, aber das finde ich gar nicht schlimm, denn sie sind sehr lehrreich, und viele meiner vermeintlichen Fehler haben sich am Ende als Glücksfälle herausgestellt. Also keine Angst! Wenn man eine Naht wieder auftrennen muss, ist ein scharfer Nahttrenner unerlässlich. Kauft unbedingt sofort einen neuen, wenn der alte stumpf geworden ist, damit ihr euch den Stoff nicht beschädigt. Ein scharfer Nahttrenner gleitet ganz leicht durch die Naht. Das rote Kügelchen an der Spitze sorgt dafür, dass beim Auftrennen nicht in den Stoff geschnitten wird, sollte also immer unten liegen.

Der **Rollschneider (4)** ist eine große Hilfe, wenn ihr Schrägband selbst herstellt oder rutschige Stoffe schneidet. Er funktioniert genau wie ein Pizzaschneider. Ihr müsst den Stoff beim Schneiden also nicht anheben wie bei einer Schere, was bei dünnen, glatten Materialien wie Seide oder Chiffon zum Verrutschen des Stoffes führen kann. Es geht auch ohne Rollschneider, aber mit zunehmender Näherfahrung werdet ihr nicht mehr auf dieses nette Werkzeug verzichten wollen. Nicht vergessen: Schneidematte dazu kaufen! Direkt auf dem Tisch oder Fußboden zu schneiden, würde diese sehr schnell ruinieren.

Nadeln aller Art

Nähnadeln (5) gibt es überall, sogar im Supermarkt. Praktisch sind sortierte Abpackungen mit unterschiedlichen Größen – von dünnen, spitzen Nadeln bis hin zu Wollnadeln. Wem das Einfädeln schwerfällt, dem empfehle ich, auch gleich ein paar **Einfädelhilfen (6)** mitzunehmen.

Bei **Stecknadeln (7)** entscheide ich mich immer für solche mit Glaskopf, da diese beim Kontakt mit einem heißen Bügeleisen nicht schmelzen. Mit den professionellen Schneiderstecknadeln mit den winzigen Metallköpfen komme ich persönlich nicht so gut zurecht. Für Quilter gibt es auch extralange Stecknadeln, die braucht ihr am Anfang aber nicht.

Sicherheitsnadeln (8) sind das perfekte Werkzeug zum Einziehen von Gummibändern oder Kordeln. Praktisch sind sie auch, um die einzelnen Teile unfertiger Projekte zusammenzuhalten.

Man sollte auch immer eine Reservepackung **Nähmaschinennadeln (9)** vorrätig haben. Nichts ist ärgerlicher, als mitten im Nährausch aufhören zu müssen, weil eine Nadel gebrochen ist. Und das passiert früher oder später jedem. Nähmaschinennadeln gibt es in unterschiedlichen Stärken für leichte bis schwere Stoffe. Für dehnbare Stoffe braucht ihr spezielle Jersey- oder Stretchnadeln mit abgerundeter Spitze. Grundsätzlich gilt: Je kleiner die Zahl für die Stärke, desto dünner die Nadel. Dünne Nadeln nimmt man für leichte Stoffe, stärkere für schwere Stoffe. Gewöhnt euch an, die Nadel nach ein paar Projekten immer auszutauschen. Genau wie der Nahttrenner wird sie mit der Zeit stumpf und beschädigt den Stoff. Deshalb vor jedem Projekt am besten immer erst mit einem Stoffrest testen!

Nadeln brauchen natürlich auch ein **Nadelkissen (10)**. Das müsst ihr aber nicht kaufen, wir nähen uns selbst eines (Seite 20–25). Wobei es wirklich sehr hübsche Nadelkissen zu kaufen gibt, denen ihr wahrscheinlich nicht widerstehen könnt, wenn es euch wie mir geht. Super sind Nadelkissen mit Sand- oder Stahlwollfüllung, die die Nadeln gleich mit schärfen. Falls ihr mal so ein tomatenförmiges **Kissen (11)** mit Chili-Anhängsel seht: In der Chili befindet sich ein spezielles schärfendes Pulver. Wenn eine Nadel stumpf wird, einfach ein paar Mal durchziehen, und sie ist wieder wie neu!

JANOME
2
7
1
11
3
10
4
5
8
6
9

Bügelkissen und ein **Ärmelbügelbrett (5)** sind für fortgeschrittene Näherinnen unerlässlich. Bügelkissen helfen beim exakten Ausformen. Es gibt sie in unterschiedlichen Formen und Größen. In meinem Blog findet ihr auch eine Anleitung zum Selbermachen. Das Ärmelbügelbrett ist im Grunde nur ein kleines Bügelbrett, mit dem sich Ärmel, Manschetten und Bündchen leichter bügeln lassen. Und sorgfältig gebügelte Werke sehen gleich viel professioneller aus!

Messen nicht vergessen

Das **Maßband (1)** – vielleicht DAS Symbol für das Schneidern, ist beim Nähen tatsächlich oft im Gebrauch. Aber Vorsicht: Maßbänder haben die Angewohnheit, ständig verloren zu gehen, deshalb habe ich gleich mehrere. Euer altes Schullineal wird auch nützlich sein. Schneiderkurven oder **Kurvenlineale (2)** erleichtern das Entwerfen eigener Schnittmuster, aber bevor ich so etwas besaß, habe ich einfach Teller und anderes Geschirr benutzt, um gleichmäßige Rundungen zu zeichnen.

Immer schön anzeichnen

Es gibt unglaublich viele Möglichkeiten, auf Stoff Markierungen anzubringen. Ihr müsst einfach ausprobieren, womit ihr am besten zurechtkommt. Wenn ich nur einen Punkt markieren muss, benutze ich manchmal einfach eine Stecknadel. Traditionell wird **Schneiderkreide (3)** benutzt, um auf Stoff anzuzeichnen. Sie lässt sich nach dem Nähen einfach ausbürsten. Das Gleiche gilt für Kreiderädchen und Kreidestifte – in diesen ist gemahlene Kreide enthalten. Mit speziellen wasserlöslichen **Stiften (3)** lassen sich ganz feine Linien zeichnen. Damit sind sie besonders beim Sticken äußerst praktisch. Nur auf dunklen Stoffen sind die Linien nicht so gut sichtbar.

Achtung, heiß!

Ohne **Bügeleisen (4)** und Bügelbrett geht gar nichts. Ein heißes Bügeleisen in Greifnähe kann das Nähen von Abnähern und Säumen beschleunigen. Wer vor dem Nähen gut bügelt, muss oft nicht einmal mehr stecken. Ich empfehle auch ein **Bügeltuch (5)** – dabei reicht z. B. ein hitzebeständiges, sauberes Geschirrtuch völlig aus. Das legt ihr beim Bügeln von empfindlichen Stoffen oder Kunstfasern über den Stoff, damit dieser nicht beschädigt wird.

Die unüblichen Verdächtigen

Eine **Fusselrolle (6)** würde man im Nähkästchen vielleicht nicht vermuten, aber wenn man eine Naht auftrennen musste, lassen sich mit ihr perfekt die vielen kleinen Fädchen aufnehmen. Und wenn der Nähtisch mal wieder voller Fusseln ist, geht ihr nur einmal schnell mit der Rolle drüber, und fertig. Auch in der Nähmaschine sammeln sich schnell Fusseln an. Mit **Wattestäbchen (7)** könnt ihr sie schnell zwischendurch reinigen. Schaut einfach vor dem Einlegen einer Unterfadenspule immer nach, ob in der Spulenkapsel und um sie herum Fusseln zu sehen sind. Falls ja, wischt ihr schnell mit dem Wattestäbchen darüber. Bei der Nadelstange geht ihr genauso vor. Das regelmäßige Reinigen sollte wirklich nicht unterschätzt werden – Nähmaschinen zicken gern mal, wenn man das länger nicht gemacht hat.

Gummiband (8) braucht man immer, aber nicht nur zum Einziehen in Kleidungsstücke. Im Nähkästchen braucht ihr es nämlich vor allem, um euch zu vermessen. Wie das genau funktioniert, erkläre ich später (S. 68).

Kerzenreste könnt ihr immer gut gebrauchen, besonders, wenn ihr viel mit der Hand näht. Damit sich der Faden dabei nicht verheddert, zieht ihr ihn erst über die Kerze. Das natürliche Wachs beschichtet den Faden, sodass er leichter durch den Stoff gleitet. Es gibt auch spezielles Schneiderwachs, aber mit einer normalen Kerze geht es genauso gut, finde ich.

In **Zehenspreizern (9)** für die Pediküre bewahre ich gern meine Spulen auf. So kann sich nichts abwickeln.

Essstäbchen eignen sich perfekt zum Ausformen von Ecken. Richtige Ecken- und Kantenformer sind zwar auch für kleines Geld erhältlich, doch ein Essstäbchen tut es auch. Durch die abgerundete Spitze durchsticht es den Stoff nicht. Auch Tunnel lassen sich damit gut wenden.

An einer **Mini-Schneiderpuppe (10)** probiere ich gern neue Ideen aus, bevor ich den Stoff zuschneide. Auch eine richtige, große Schneiderpuppe kann sehr nützlich sein, besonders, wenn ihr vorhabt, viel Kleidung zu nähen. Aber ihr könnt euch die Sachen auch einfach vor dem Spiegel anhalten.

Ein guter **Stuhl (11)** und eine schöne große Tasse sind ein Muss! Aus eigener Erfahrung kann ich sagen, dass es wirklich viel ausmacht, wie man sitzt. Nicht nur Schreibtischtäter, sondern auch Näherinnen müssen an ihren Rücken denken. Versucht, aufrecht zu sitzen, und stellt den Fußanlasser unter euren Fuß, damit ihr euch nicht danach ausstrecken müsst. Und macht regelmäßig Pausen, vielleicht, um eine frische Tasse Tee zu kochen. Die #sewingrevolution jedenfalls gäbe es ohne Tee nicht!

Hier wird gezaubert: die Nähmaschine

Solange sich mit eurer **Nähmaschine (12)** ein paar Grundstriche wie Geradstich, Zickzack und Dreifach-Geradstich nähen und Stichlänge oder Stichbreite verstellen lassen, habt ihr alles, was ihr braucht! Meine erste Nähmaschine, die ich heute noch gern für die Schwerstarbeit heranziehe, hatte nur 30 Stiche – und eigentlich verwende ich auch nur fünf regelmäßig: Geradstich, Dreifach-Geradstich, Zickzack, Pseudo-Overlock und Knopfloch.

Die Knopflochfunktion ist sehr praktisch, aber auch mit einem ganz engen Zickzackstich lassen sich Knopflöcher nähen. Zur Nähmaschine gibt es unterschiedliche Füße, die ebenfalls nützlich, aber nicht unbedingt notwendig sind.

Ich will ganz ehrlich sein: Eine **Overlock-Maschine (13)** werdet ihr euch später vielleicht einmal gönnen, aber von Brauchen kann keine Rede sein. Ich habe mir erst vor Kurzem eine zum Geburtstag gekauft, weil ich sie in mein Buch aufnehmen wollte (was natürlich nur eine Ausrede war). Ihr kommt auch sehr gut ohne aus, zumal die meisten Nähmaschinen einen Pseudo-Overlockstich anbieten. Aber wenn man einmal eine hat, will man sie nicht mehr hergeben. Die Overlock schneidet und näht gleichzeitig. Da muss man zwar sehr gut aufpassen, wird aber mit absolut professionell aussehenden Nähten belohnt. Kurz gesagt: Für den Anfang braucht ihr eigentlich nur einen Geradstich. Den kann selbst eine **alte handbetriebene Maschine (14)**, die ihr vielleicht sogar noch bei jemandem auf dem Dachboden findet.

STOFFKUNDE

Alles über unser Lieblingsmaterial

Im Kleiderschrank nachsehen

Wenn ich überlege, was für einen Stoff ich vernähen will, dann überlege ich, was ich schon im Kleiderschrank habe. Tatsächlich wisst ihr schon eine Menge über Stoff, weil ihr (denke ich doch) jeden Tag Kleidung tragt. Im Sommer greift ihr nach Kleidern oder Shirts aus leichter Baumwolle oder Seide. Wenn euch kalt ist, nehmt ihr euch einen Pullover aus Fleece oder Strickstoff und Hosen aus schwerem Cord oder Jeans. Beim Umarbeiten alter Klamotten habe ich viel über Stoffe gelernt. Ich habe ich dabei mit so vielen unterschiedlichen Stoffarten gearbeitet, und die eingenähten Schilder haben mir auch gleich verraten, wie sie zu pflegen sind.

Prüft beim Stoffkauf, wie sich das Material anfühlt. Wahrscheinlich habt ihr etwas Ähnliches schon im Kleiderschrank. Um was für ein Kleidungsstück handelt es sich? Wann tragt ihr es? Schaut euch an, wie der Stoff fließt – ist er steif, oder fällt er locker? Ist er schwer oder leicht? Wenn er auf einen Ballen gewickelt ist, fragt, ob ihr ein Stück abwickeln dürft. Haltet euch den Stoff an, um zu sehen, ob Farbe und Muster euch stehen. Auf dem Ballen sieht der Stoff vielleicht hübsch aus, aber werdet ihr ihn auch tragen? Zieht etwas am Stoff – ist er dehnbar? Es gibt Webware und Maschenware, und diese verhalten sich sehr unterschiedlich. Gewebte Stoffe sind meist steifer, und Maschenware ist dehnbar. All diese Faktoren müsst ihr berücksichtigen.

Stofftagebuch führen

Ich führe ein Stofftagebuch. Kleine Stoffreste nähe ich in ein Buch und schreibe dazu, was ich wann und für wen daraus gemacht habe, was es für ein Stoff ist, wie er gewaschen wird und was ich bei dem Projekt gelernt habe. Dieses Wissen wird euch bei zukünftigen Projekten nützlich sein.

Immer, wenn ich in meiner Heimatstadt West Bromwich bin, besuche ich die Stoffmärkte dort. So viele Farben, so viele Muster! Dort findet man immer etwas.

Woher bekomme ich Stoff?

Zu Hause: Alte Decken oder Bettwäsche geben schön viel Stoff her. Alte Kleidung auch, wie ihr bei einigen meiner Projekte noch sehen werdet. Ein weiterer Pluspunkt: Ihr müsst nichts ausgeben.

Secondhandladen: Wenn bei euch zu Hause und bei Familie und Freunden nichts mehr zu holen ist, schaut im Secondhandladen nach. Ich habe in solchen Läden schon tolle Retrostoffe und hübsche Knöpfe, Spitzenborten und Bänder gefunden.

Stoffmärkte: Ich habe das Glück, den berühmten Rag Market in Birmingham in meiner Nähe zu haben, eine wahre Schatzkammer für Stoffe. In West Bromwich und Walsall, wo ich aufgewachsen bin, gibt es auch ein paar tolle Stoffstände. Wegen der kulturellen Vielfalt der Bewohner dort findet man eine riesige Auswahl unterschiedlicher Stoffe zu sehr guten Preisen. Den Stoff für mein Kimonokleid (S. 90–95) habe ich auf einem Markt in West Bromwich unfassbar preiswert erstanden. Auf Märkten gibt es sehr günstige Stoffe, schaut aber lieber genau auf die Qualität und achtet auf Löcher oder Druckfehler. Kauft für alle Fälle immer einen halben Meter mehr.

Örtliche Stoffläden: Schaut im Internet nach, wo es in eurer Nähe Stoffläden gibt. Dort findet ihr nicht nur Stoffe und Kurzwaren, sondern auch fachliche Beratung. Die Leute im Stoffladen bei mir um die Ecke sind immer sehr hilfsbereit, und man bekommt immer ein Stück Kuchen! Ich kann euch nicht versprechen, dass es überall Kuchen gibt, aber Hilfe bekommt ihr dort ganz bestimmt – ihr müsst nur fragen!

Messen: Stellt euch vor – alle Stoffläden der Welt unter einem Dach. Ja, so in etwa ist es bei Stoff- und Handarbeitsmessen, also nehmt am besten einen Rollkoffer mit. Bei der riesigen

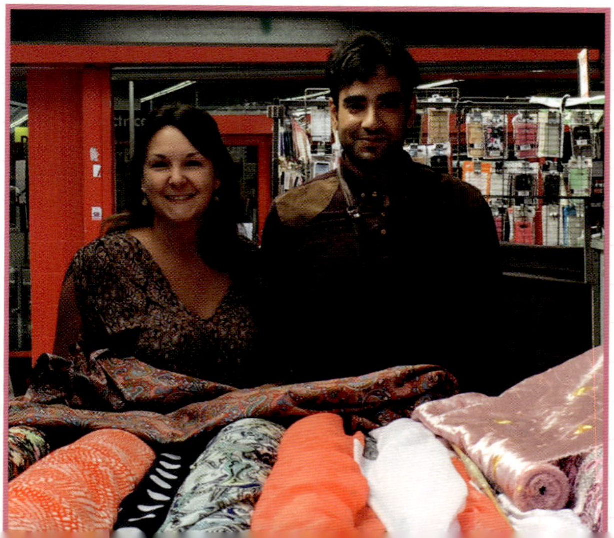

Auswahl werdet ihr euch fühlen wie im Stoff- und Kurzwarenhimmel. Informiert euch auch, wann welche Nähworkshops stattfinden!

Online: Im Internet kann man Stoffe aus der ganzen Welt bestellen. Wenn ihr keine Zeit habt, in den Stoffladen zu gehen, ist das eine gute Alternative. Benutzt einfach die Suchmaschine, aber schaut auch bei Pinterest, Facebook und Instagram nach. Über die sozialen Netzwerke habe ich schon wunderbare kleine Onlineshops entdeckt. Der einzige Nachteil: Ihr könnt den Stoff nicht anfassen, und das mag ich beim Stoffkaufen am meisten.

Wie viel Stoff soll ich kaufen?

Wie viel Material man für ein Projekt braucht, hängt von vielen Faktoren ab.

1. Was willst du nähen?

2. Wie groß bist du?

3. Welche Kleidergröße trägst du?

4. Ist der Stoff gemustert?

5. Wie breit ist der Stoff?

Überlegt, wie lang das Kleidungsstück werden soll. Für ein langes Kleid würde ich den Abstand zwischen Schulter und Boden doppelt nehmen (das Kleid hat ja eine Vorder- und eine Rückseite) und für alle Fälle noch ein wenig zugeben, besonders bei gemusterten Stoffen. Ich kaufe grundsätzlich drei Meter Stoff. Da bleibt immer etwas für das nächste Projekt übrig. Ich kaufe aber auch keine teuren Stoffe – ich liebe Upcycling und suche gern nach Schnäppchen.

Wenn ich etwas ganz Besonderes mit einem etwas teureren Stoff vorhabe, nähe ich das Teil zuerst aus einem billigen Material zur Probe. Solch ein Probestück wird ganz normal genäht und dann an den eigenen Körper angepasst. Nun habt ihr euer ganz persönliches Schnittmuster. Um die benötigte Stoffmenge zu ermitteln, nimmt man die einzelnen Teile wieder auseinander, markiert auf dem Fußboden die Stoffbreite, legt die Teile auf und misst dann die Länge aus. Bei großgemusterten Stoffen muss die Länge des Rapports noch hinzugerechnet werden, damit alle Teile schön aufeinander abgestimmt zugeschnitten werden können.

Mein Schnäppchen vom Markt in West Bromwich – der perfekte Stoff für mein Kimonokleid (S. 90).

Wie fange ich an?

Stoff vorwaschen: Zuerst müsst ihr den Stoff waschen. Wir wollen ja nicht, dass ihr ein perfekt passendes Teil näht, das dann bei der ersten Wäsche einläuft. Manche Stoffe sind schon vorgeschrumpft, und alte Klamotten und Bettwäsche laufen auch nicht mehr ein, aber es schadet nie, auch solches Material schnell noch einmal in die Waschmaschine zu werfen. Stoffe aus dem Secondhandladen sollte man aufgrund ihres Alters ebenfalls einem Waschtest unterziehen, denn Stoffe werden mit den Jahren brüchig.

Bügeln und pressen: Bevor ein Kleidungsstück fertig ist, bügeln wir eigentlich nicht, sondern pressen. Beim Bügeln gleitet das Bügeleisen über den Stoff. Beim Pressen dagegen setzt man das Bügeleisen auf die zu bügelnde Stelle, übt etwas Druck aus, eventuell mit Dampf, und hebt dann das Bügeleisen wieder an. Beim Pressen wird etwas fixiert, was auch nach mehreren Wäschen noch sichtbar sein sollte. Wenn in Anleitungen also von Bügeln gesprochen wird, ist eigentlich Pressen gemeint. Vorsicht bei Kunstfasern und strukturierten Stoffen wie Samt oder Cord! Damit nichts geschmolzen oder plattgedrückt wird, legt ein Geschirrtuch zwischen Stoff und Bügeleisen und bügelt immer erst ein Teststück.

Vor dem Einlagern oder Vernähen: Den Stoff längs zusammenlegen (Webkante auf Webkante, linke Seite innen) und eine Bruchkante bügeln. Das erleichtert die Handhabung. Soll der Stoff in den Schrank, dann faltet ihr ihn weiter bis zu einer handlichen Größe. Lagert den Stoff an einem trockenen, dunklen Ort oder zumindest nicht im direkten Sonnenlicht, denn dadurch kann der Stoff ausbleichen.

STOFFGLOSSAR

Fadenlauf: Richtung der Kettfäden im Stoff; verläuft vertikal parallel zu den Webkanten. Beim Auflegen der Schnittteile auf den Stoff könnt ihr euch vorstellen, dass der Fadenlauf im Kleidungsstück vom Kopf zu den Füßen verläuft (siehe auch S. 124).

Querverlauf: Richtung der Schussfäden im Stoff; verläuft horizontal quer zum Fadenlauf.

Webkante: Die feste Stoffkante, die durch den Richtungswechsel der Schussfäden entsteht; verläuft parallel zum Fadenlauf (siehe rechts).

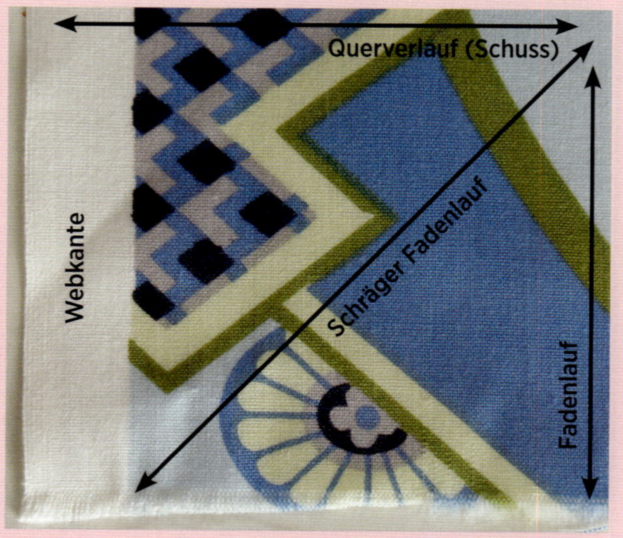

Schräger Fadenlauf: Schneidet man im 45°-Winkel zum Fadenlauf zu, nennt man das „im schrägen Fadenlauf". So zugeschnittene Teile fallen sichtbar anders. Außerdem ist der Stoff in dieser Richtung besonders dehnbar.

Knipse/Zwicke: Kleine Einschnitte am Stoffrand zum Markieren wichtiger Punkte.

Strich: Stoffe mit einem Flor, wie z. B. Samt, haben eine bestimmte Strichrichtung, das heißt, die Härchen liegen in einer bestimmten Richtung. Beim Zuschneiden ist darauf zu achten, dass die Strichrichtung bei allen Schnittteilen gleich ist. Anderenfalls erscheint die Farbe unterschiedlich.

Nahtzugabe: Der Abstand zwischen der Stoffkante und der Naht. Die erforderliche Nahtzugabe ist immer in der Anleitung zum Schnittmuster angeben. In diesem Buch benutze ich meist 1,5 cm, wenn nicht anders angegeben. „Füßchenbreit" bedeutet, dass die Nähfußkante beim Nähen genau mit der Stoffkante abschließt.

Bequemlichkeitszugabe: Die Differenz zwischen euren Körpermaßen und den Maßen des fertigen Kleidungsstücks. Sie wird bei Kleidung immer hinzugegeben. Enge Kleidung hat wenig Bequemlichkeitszugabe, lockere Kleidung mehr.

Saum: Dient als Abschluss von Hosen, Röcken und Ärmeln. Man kann ihn einmal oder doppelt einschlagen.

Einlage: Verstärkendes Material, das festgenäht oder -gebügelt wird. Verleiht z. B. Kragen, Belegen, Manschetten und Bünden mehr Stand.

Nahtzugaben versäubern

Die Schnittkanten, die nach dem Zusammennähen eines Kleidungsstücks im Inneren zu sehen sind, können je nach Stoffart und Zweck der Naht auf unterschiedliche Weise versäubert werden.

Bei der einfachsten Variante werden die Schnittkanten **unversäubert** gelassen. Die Stoffe werden rechts auf rechts gelegt und zusammengenäht. Anschließend werden die Nahtzugaben auf der linken Seite auseinander oder zu einer Seite gebügelt (siehe Foto).

Wenn Kleidungsstücke länger halten sollen, ist eine Versäuberung empfehlenswert. Das geht mit der **Zackenschere**, der Overlock-Maschine oder einem **Zickzackstich**. Verzichtet man auf diesen Schritt, kann der Stoff beim Tragen und Waschen ausfransen, bis sich die Naht im schlimmsten Falle löst.

Französische Nähte sind perfekt für feine Stoffe, die leicht ausfransen. Sie sehen von außen wie normale Nähte aus, aber die Schnittkanten sind versteckt. Dafür die Teile zunächst links auf links zusammennähen, Nahtzugaben etwas zurückschneiden, auf links wenden und noch einmal nähen. Dabei werden die Schnittkanten im Inneren eingeschlossen.

Die sehr stabile **Kappnaht** wird z. B. bei Jeans verwendet. Dabei wird eine der zwei Nahtzugaben auf die Hälfte zurückgeschnitten, die andere wird um sie herum gelegt und mit einer zweiten, parallelen Naht festgenäht. Diese tolle Technik kann für alle Stoffarten genutzt werden (siehe S. 115).

Bei der **falschen Kappnaht** wird eine Nahtzugabe versäubert und eine zurückgeschnitten. Dann wird die versäuberte über die zurückgeschnittene gelegt (nicht um sie herum wie bei der echten Kappnaht) und abgesteppt (siehe S. 129).

Wenn die Nahtzugaben am Ende nicht mehr sichtbar sind, z. B. bei Taschen und Belegen, müssen sie nicht versäubert werden. Sie werden allerdings zurückgeschnitten, damit die Naht nicht zu wulstig wird. Bei Rundungen müssen die Nahtzugaben bis kurz vor die Naht eingeschnitten werden, damit die Naht flach liegt.

Unversäubert

Zackenschnitt

Overlock-Versäuberung

Zickzackstich

Französische Naht

Kappnaht

Falsche Kappnaht

ERSTE PROJEKTE

GUTER TIPP!

Immer nur einen Faden auf die Spule aufwickeln, sonst können sich die Enden verheddern und die Maschine blockieren. Am besten immer leere Spulen zur Hand haben und Restfäden vor dem Aufspulen entfernen.

GUTER TIPP!

Statt Schnittmusterpapier könnt ihr auch Backpapier oder alte Zeitung benutzen – Zeitung bitte vorher einmal auf geringer Stufe bügeln, damit die Tinte nicht den Stoff verschmutzt. Das Bügeleisen hinterher einfach mit einem feuchten Lappen abwischen.

VINTAGE-NADELKISSEN

Ein individuell gestaltetes Nadelkissen darf in keinem Nähzimmer fehlen. Mein erstes Nadelkissen in Schnurrbartform hat mich als Glücksbringer zum Sewing Bee begleitet. Es hat die ganze Sendung durchgehalten, musste dann aber vor meinem Hund Renton kapitulieren, der es vor ein paar Jahren zwischen die Zähne bekam. Inzwischen habe ich mehrere Nadelkissen für unterschiedliche Zwecke: mein Handgelenkkissen für das Fernsehen, ein superschickes Nadelkissen aus Leder und Tweed mit praktischen Taschen an der Seite für diverse Utensilien (das musste ich einfach haben) und mein geliebtes Teetassen-Nadelkissen.

Das Teetassen-Nadelkissen benutze ich immer, wenn ich zu Hause an der Nähmaschine sitze. Meistens werfe ich die Stecknadeln erst einmal schnell auf die Untertasse, da sind sie sicher.

Das Kissen sitzt in der Teetasse und ist mit normaler Füllwatte ausgestopft. Auf Seite 24 findet ihr aber auch einen super Tipp zur Verwendung von Stahlwolle. Das Nadelkissen ist ein tolles Anfängerprojekt und lässt sich auch schön verschenken.

ECKDATEN

Ihr braucht

- Tasse mit Untertasse
- Stoff ca. 50 x 55 cm
- Zeitungspapier
- Füllwatte oder kleines Kissen

Ihr lernt

- Schnittteile zusammensetzen
- Papierschnitt zeichnen
- Handnähtechniken

Nahtzugabe

1,5 cm

Schritt 1

Schnittmuster zeichnen: Tasse verkehrt herum auf die Zeitung setzen und Umriss nachzeichnen.

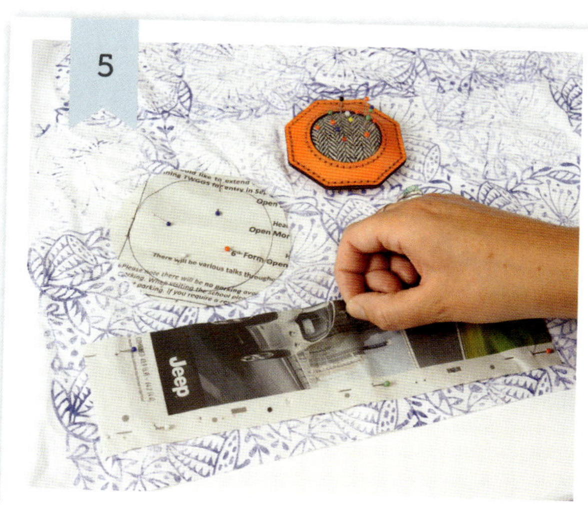

Schritt 2

Für die Nahtzugabe diesen Kreis rundherum um 1,5 cm vergrößern. Entlang der zweiten Linie ausschneiden und Schnittteil beiseitelegen.

Schritt 3

Mit dem Maßband die Länge zwischen Tassenboden und Tassenrand ausmessen (Höhe der Tasse). Meine ist 7 cm hoch. Dann den oberen Umfang der Tasse ausmessen. Bei mir sind das 27 cm.

Schritt 4

Ein Rechteck mit diesen zwei Maßen auf die Zeitung aufzeichnen und ausschneiden. Hier ist keine Nahtzugabe nötig, da das Kissen innerhalb der Tasse sitzen soll.

Schritt 5

Schnittteile auf den gewählten Stoff legen, mit Stecknadeln feststecken und ausschneiden. Stecknadeln herausziehen und Papierschnittteile entfernen. Farblich passendes Garn auf die Nadel fädeln, sodass sich die zwei Enden unten treffen. Enden verknoten (siehe S. 22).

GUTER TIPP!

Der Faden sollte nicht länger als euer Unterarm sein, sonst verheddert man sich schnell

Technik: Faden verknoten

So geht es besonders schnell: Fadenenden zwischen Daumen und Zeigefinger zusammenhalten (A), Fäden zweimal um den Zeigefinger wickeln (B) und dann mit dem Daumen Richtung Fingerspitze schieben (C und D). Dabei bildet sich an der Fingerspitze ein Knoten. Diesen festhalten und ziehen (E). Dabei wird der Knoten festgezogen (F). Jetzt kann es losgehen!

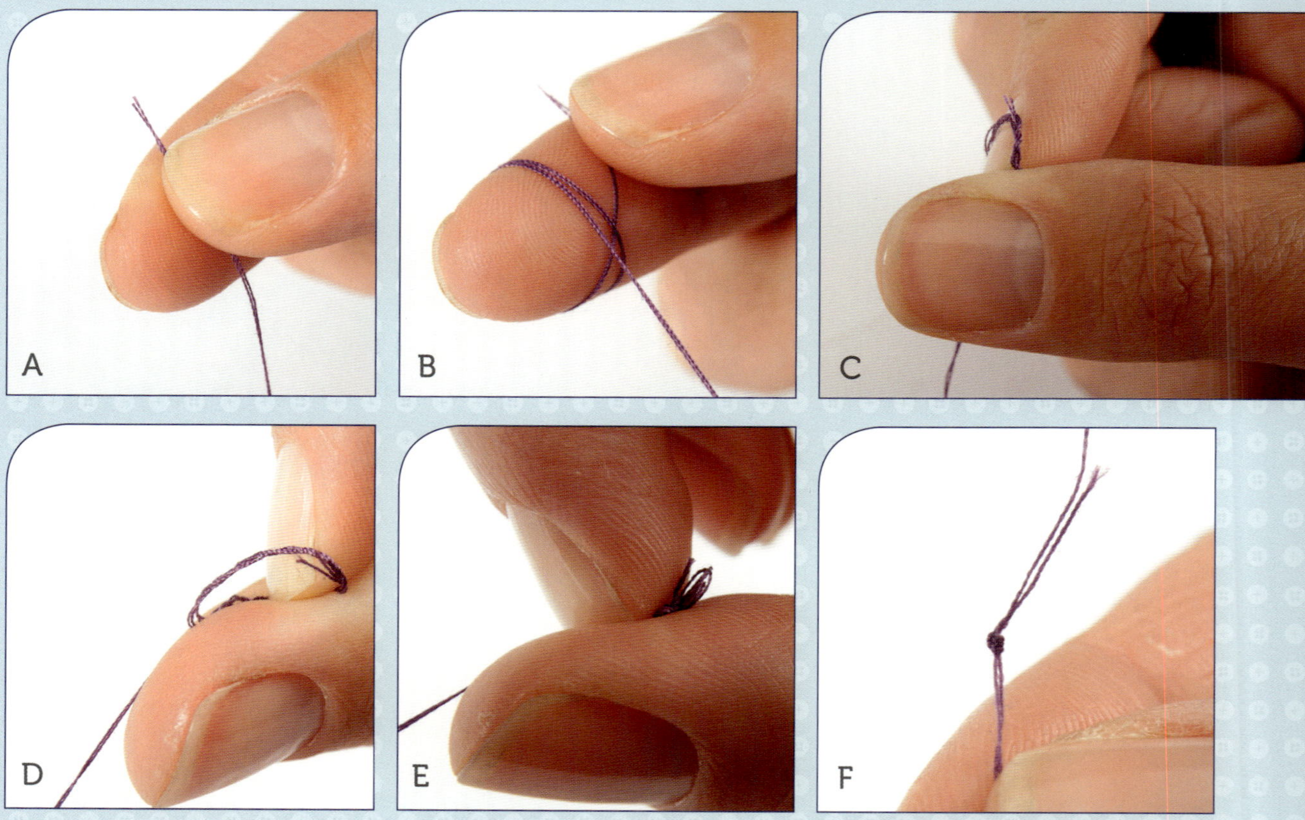

Schritt 6

Rechteckiges Stoffstück rechts auf rechts (gemusterte Seite innen) in der Mitte falten, sodass sich die zwei kurzen Seiten treffen, und feststecken. Kurze Seiten mit einem Rückstich 5 mm von der Kante entfernt zusammennähen. Dabei entsteht eine Röhrenform.

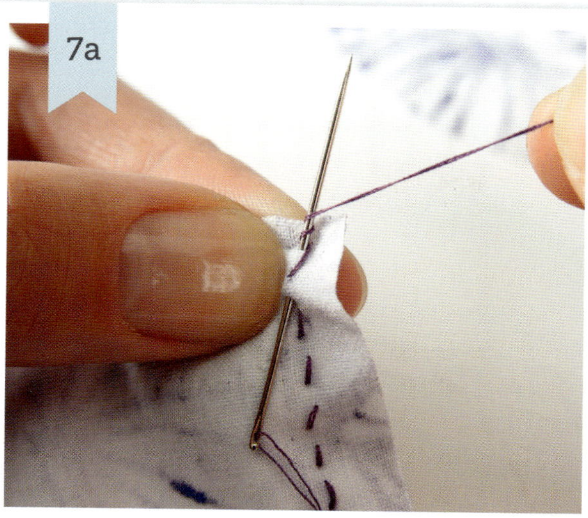

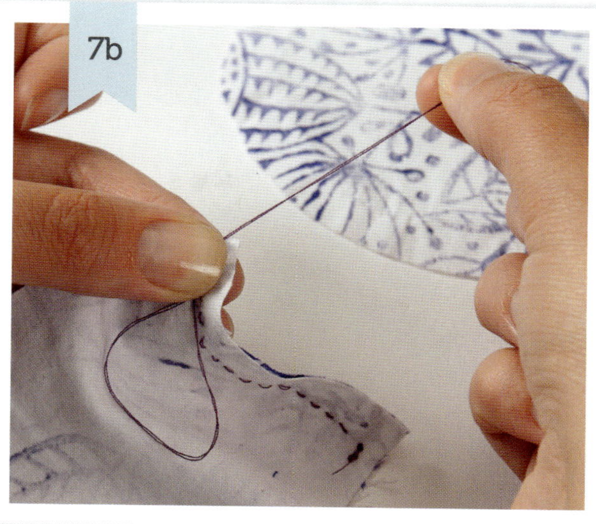

Schritt 7

Naht am Ende mit einem Knoten sichern. Dafür Nadel normal einstechen, aber nicht durchziehen, sondern den Faden zweimal um die Nadel wickeln (7a). Finger fest auf den Knoten legen und Nadel und Faden durchziehen (7b). Dabei entsteht ein fester Knoten sehr nah am Stoff.

Schritt 8

Einen Heftstich mit mittlerer Stichlänge rundherum 2 cm von der Schnittkante entfernt setzen. Der Kreis muss geschlossen werden, und am besten eignet sich ein Garn in Kontrastfarbe (weil die Naht später wieder entfernt wird). Am Ende der Naht den Faden nicht verknoten, sondern vorsichtig am Faden ziehen, sodass der Kreis sich etwas zusammenzieht. Damit halten wir den Stoff ein, damit er in die eben genähte Röhre passt.

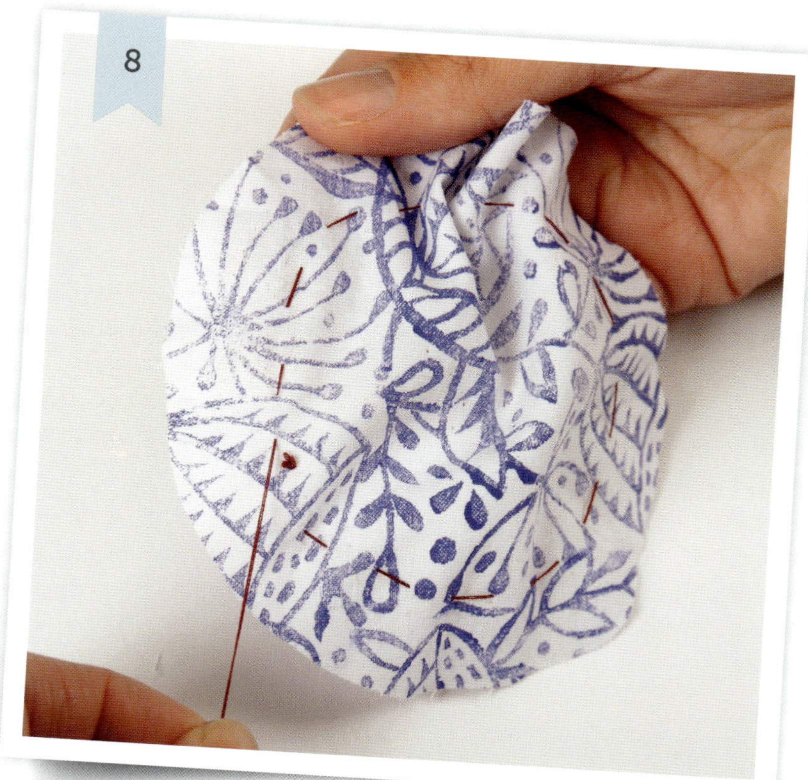

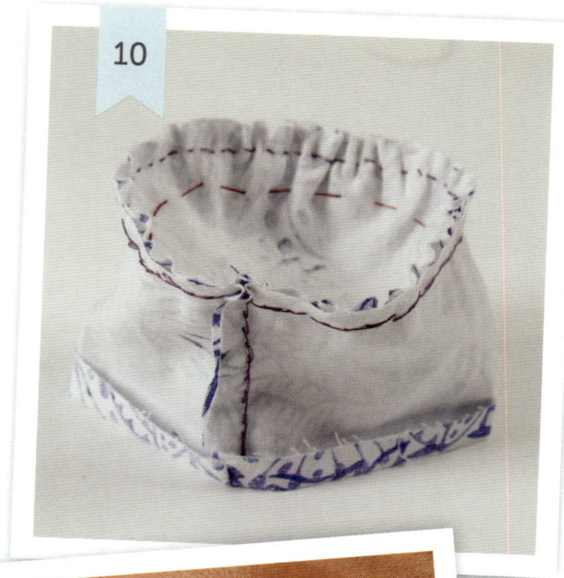

Schritt 9

Kreis von oben rechts auf rechts in die Röhrenöffnung setzen und feststecken. Möglicherweise muss der Kreis dafür wieder etwas geweitet werden.

Schritt 10

Farblich passendes Garn auf die Nadel fädeln und die zwei Teile mit einem Rückstich verbinden. Danach kann die Heftnaht gezogen werden. Vor dem Wenden des Nadelkissens die untere offene Kante säumen. Dafür 5 mm einschlagen und bügeln.

Schritt 11

Nadelkissen auf rechts wenden. Vor dem Füllen in die eben gebügelte Falte einen Heftstich setzen. Dieses Mal bleibt die Naht, also benutzt ein farblich passendes Garn. Faden am Ende nicht verknoten und nicht abschneiden. Jetzt könnt ihr das Kissen füllen. Das Kissen muss fest werden, sich aber am Ende noch zuziehen lassen, ohne die Naht zu sehr unter Spannung zu setzen.

GUTER TIPP!

Wenn ihr vor dem Füllen zuerst eine Schicht Stahlwolle einlegt, bleiben eure Nadeln immer schön scharf!

Schritt 12

Zum Schließen des Kissens an dem Faden ziehen, der noch in die Nadel eingefädelt ist. Möglichst eng zuziehen. Dann festhalten und mit einem Knoten fixieren.

Schritt 13

Wer auf Nummer sicher gehen will, verbindet die gegenüberliegenden Seiten noch mit ein paar Sicherungsstichen. Nach dem Verknoten die Nadel unten in das Nadelkissen einstechen und ein Stück entfernt wieder austreten lassen. Nadel herausziehen und Faden nah am Stoff abschneiden. Das Fadenende verschwindet dabei im Kissen. Das mache ich bei allen Projekten so, denn es sieht einfach professioneller aus. Nadelkissen in die Tasse setzen und dann auf zu weiteren Nähabenteuern!

TUCH-TOP

In Secondhandläden halte ich immer nach quadratischen Tüchern Ausschau. Davon kann ich nie genug haben. Egal ob aus echter Seide oder Poly-irgendwas – sie geben immer ein schönes luxuriöses Material her und kosten nicht viel. Mein Tuch-Top ist ein schnelles und einfaches Projekt für jeden Anlass: fürs Grillen im Sommer, für einen Mädelsabend in der Bar oder für den Urlaub: Es nimmt im Koffer keinen Platz weg, und gebügelt werden muss es auch nicht. Hängt es einfach ins Bad, während ihr duscht, dann wird es von ganz allein wieder glatt.

ECKDATEN

Ihr braucht

- Zwei gleichgroße quadratische Tücher (ca. 50 cm breit) oder zwei quadratische Stoffstücke mit 52 cm Breite

Ihr lernt

- Passform anpassen (Grundlagen)
- Schnittteile zusammensetzen
- Maschinennähtechniken
- Upcycling

Nahtzugabe

Minimal

Schritt 1

Toll an Tüchern ist, dass sie schon gesäumt sind. Wenn eure Tücher aber unterschiedlich groß sind oder ihr Meterware verwendet, muss der Stoff zuerst zugeschnitten werden. Dann die Schnittkanten 5 mm einschlagen und noch einmal einschlagen (doppelt eingeschlagener Saum). Saum mit einem Geradstich fixieren. Diese Naht ist später sichtbar.

GUTER TIPP!

Für eine schöne gerade Naht den Nähfuß direkt an der Stoffkante entlangführen (füßchenbreit nähen).

Schritt 2

Die Tücher rechts auf rechts aufeinanderlegen und an der oberen Kante zusammenstecken, dabei eine Halsöffnung lassen. Vor dem Nähen das Top überziehen, um die Größe des Halsausschnitts zu überprüfen und bei Bedarf noch zu verändern. Vor den Spiegel stellen und mit Stecknadeln markieren, wo die Seitennähte beginnen sollen. Wenn alles stimmt, Top wieder ausziehen.

Schritt 3

Die Tücher liegen immer noch rechts auf rechts. Das Top längs zusammenfalten, sodass die Seiten aufeinandertreffen. Überprüft jetzt, ob an den Schultern und unter den Armen alles symmetrisch ist.

GUTER TIPP!

Probiert das Top noch ein letztes Mal an. Besser jetzt eine Minute mehr investieren, als später die Nähte wieder auftrennen zu müssen!

Schritt 4

Mit der Nähmaschine und einem Geradstich so nah wie möglich am Originalsaum der Tücher nähen. Ihr könnt den Nähfuß an den Tuchkanten entlangführen oder, wenn ihr euch das zutraut, direkt auf der Original-Saumnaht nähen. Das Material unter den angehobenen Nähfuß schieben, Nadel im Stoff versenken und erst dann den Nähfuß absenken.

Schritt 5

Es ist ganz wichtig, die Naht am Anfang und Ende zu sichern, genau wie beim Nähen mit der Hand. Bei der Nähmaschine „verriegelt“ man die Naht mit Rückstichen. Wo bei eurer Maschine die Rückwärtstaste ist, entnehmt ihr am besten der Bedienungsanleitung. Sollte die Maschine das nicht können, verknotet ihr einfach mit der Hand. Beim Zurücknähen empfehle ich, etwa 1–2 cm von der Kante entfernt loszunähen, damit der Stoff nicht von der Maschine „gefressen“ wird. Zwei Stiche vorwärts nähen, dann rückwärts über diese Stiche Richtung Stoffkante und dann normal weiter vorwärts nähen (5a). Am Ende ebenso verriegeln (5b). Schulternähte schließen, wo die Stecknadeln sitzen, und Verriegeln nicht vergessen. Stecknadeln nach und nach entfernen, bevor sie unter den Nähfuß gelangen – sonst riskiert ihr gebrochene Nadeln oder eine kaputte Nähmaschine. Das gleiche bei den Seitennähten wiederholen.

Schritt 6

Nach dem Nähen der Schulter- und Seitennähte alle Fadenenden abschneiden.

Schritt 7

Oberteil wie einen Kissenbezug auf rechts wenden und anziehen!

STRICK-HANDSCHUHE UND -LOOP

Ich liebe es, aus alten Sachen etwas völlig Neues zu schaffen. Wenn es um Upcycling geht, ist nichts vor mir sicher. Zwar meinen viele, einen Strickpullover könne man nicht zerschneiden, weil der sich auftrennen würde, aber seht selbst, wie ich einem alten, eingelaufenen Pullover neues Leben einhauche.

ECKDATEN

Ihr braucht
- Alter Strickpullover
- Stickgarn (optional)
- Jersey-Nähmaschinennadel

Ihr lernt
- Kleidungsstück umarbeiten
- Schnitt direkt auf Stoff zeichnen
- Handnähtechniken
- Maschinennähtechniken
- Schnittteile zusammensetzen

Körpermaße
- Eure Hand

Nahtzugabe
- 1 cm

Schritt 1

Zuerst müsst ihr den Pullover auf links wenden. Rechtshänder stecken dann die linke Hand von unten in den Ärmel. Das Bündchen des Pullovers wird nun das Bündchen des Handschuhs. Den linken Daumen abspreizen, die Finger bleiben zusammen. Sorgfältig so nah wie möglich um die Hand herum feststecken, damit die Handschuhe später schön anliegen. Wenn die Form gefällt, Hand herausziehen.

Schritt 2

Handschuhform 1 cm von den Stecknadeln entfernt ausschneiden (für die Nahtzugabe).

Schritt 3

Nicht vergessen, eine Jerseynadel in die Maschine einzusetzen. Mit einem Zickzackstich die offenen Kanten zusammennähen.

Schritt 4

Als Sicherungsnaht mit einem Geradstich noch einmal den Bereich zwischen Daumen und Zeigefinger nähen. Dabei so nah wie möglich am Zickzack bleiben. Vor dem Wenden des Handschuhs in diese Ecke einschneiden, sonst ist später nicht genug Bewegungsfreiheit gegeben. Achtung! Nicht in die Naht hineinschneiden!

GUTER TIPP!

Gleich mal anprobieren und freuen!

Schritt 5

Der Handschuh liegt flach vor euch, immer noch auf links. An der gleichen Stelle auf den anderen Ärmel legen und als Vorlage für den zweiten Handschuh verwenden. Feststecken und vorsichtig ringsherum schneiden. Danach Stecknadeln und ersten Handschuh entfernen. Zweiten Handschuh mit ein paar Nadeln zusammenstecken und genauso wie den ersten nähen. Beide Handschuhe auf rechts wenden.

Schritt 6

Als dekoratives Detail und zur zusätzlichen Sicherung habe ich im Schlingenstich noch um die Kontur herumgestickt und dabei die offenen Kanten im Inneren mitgefasst. Für etwas mehr Eleganz könnte ich mir auch ein paar hübsche Knöpfe außen am Handgelenk vorstellen.

Schritt 7

Die Handschuhe sind nun fertig. Aus dem Rest des Pullovers stellen wir einen Loop-Schal her. Den Pullover auf Höhe der Achseln quer durchschneiden. Dabei entsteht unten schon die Schlauchform. Den oberen Teil brauchen wir nicht mehr – vielleicht könnte man daraus einen Wärmflaschenbezug machen?

Schritt 8

Schnittkante zum Säumen ca. 1,5 cm nach innen einschlagen.

Schritt 9

Diesen Saum an die Unterkante des Pullovers legen

Schritt 10

Gut feststecken. Die rechte Seite des Materials zeigt nach außen, und die Kanten treffen genau aufeinander. Mit Nadel und Faden die zwei Kanten mit einem Leiterstich zusammennähen (siehe unten). Das ist ein toller unsichtbarer Stich, den ihr für Kleidung immer wieder brauchen werdet. Tada! Schon fertig.

Technik: Leiterstich

Beim Nähen von Maschenware muss der Faden zuerst mit einer Schlinge gesichert werden. Nadel wieder so einfädeln, dass der Faden doppelt liegt. Dann Nadel durch den Stoff stechen, aber den Faden nicht ganz durchziehen, sondern vorher die Fäden am Knoten zu einer Schlaufe öffnen, die Nadel dort hindurchführen und festziehen (A). Einen kurzen Stich direkt entlang der Stofffalte setzen (B). Faden durchziehen (C). Gegenüber der Austrittstelle dasselbe in der anderen Stofflage wiederholen. Dabei entsteht zwischen den zwei Lagen eine Art Leiter, aber zieht man am Faden, ziehen sich die Kanten zusammen und die Naht ist nicht mehr sichtbar. Hier sieht es etwas anders aus, weil ich statt einer zweiten Stofffalte das Originalbündchen verwendet habe. Am Ende gut verknoten.

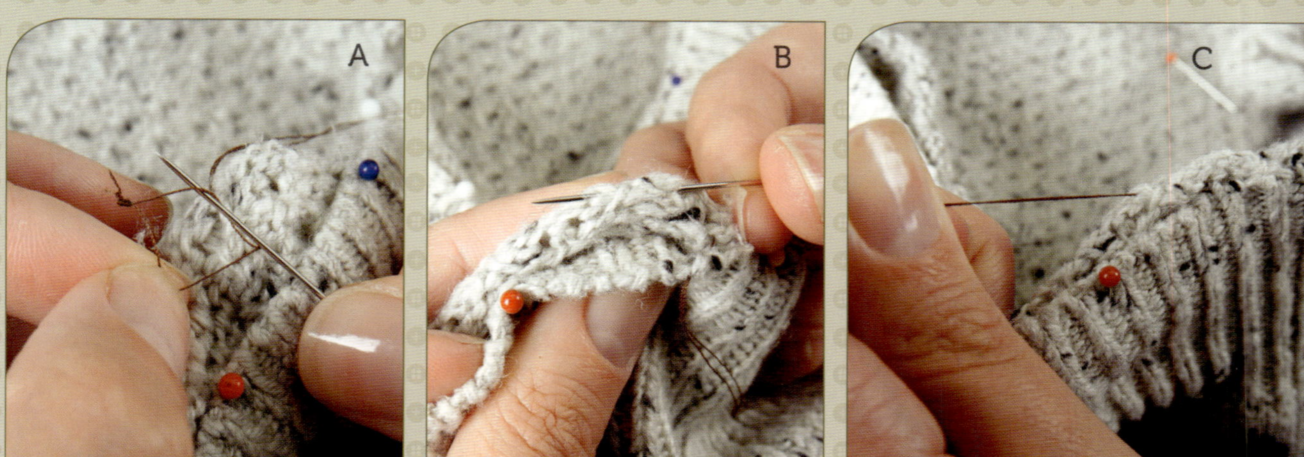

FESTIVAL-TASCHE

Zu dieser Tasche haben mich in meinen Flitterwochen die Märkte von Marrakesch inspiriert. Sie eignet sich perfekt für den Urlaub oder Festivals, denn man hat die Hände frei und muss sich nicht um seine Habseligkeiten sorgen, während man fremde Länder erkundet oder die Nacht durchtanzt. Die versteckte Reißverschlusstasche ist super für Wertsachen. Als Material eignet sich eigentlich jeder Stoff. Ich habe mich für eine alte Jeans entschieden.

ECKDATEN

Ihr braucht

- Eine alte Jeans (kein Stretch)
- Stoff ca. 50 x 55 cm
- Reißverschluss 20 cm und Reißverschlussfuß
- Zeitungspapier für den Schnitt

Ihr lernt

- Schnittteile zusammensetzen
- Papierschnitt zeichnen
- Maschinennähtechniken
- Upcycling

Nahtzugabe

1,5 cm

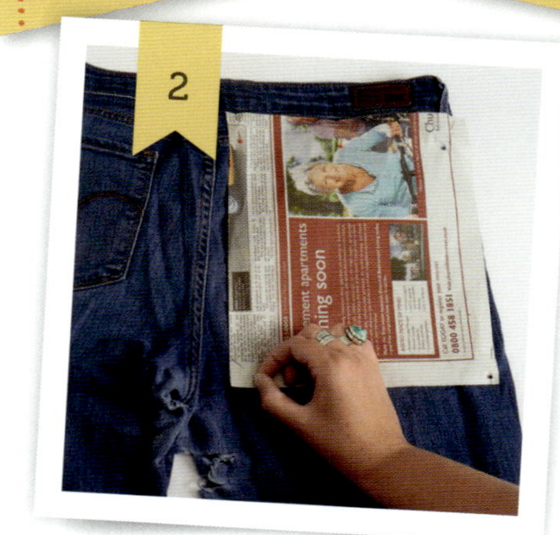

Schritt 1

Ihr könnt die Tasche beliebig groß machen, wichtig ist nur, dass das hintere Teil 3 cm länger ist als das Vorderteil, damit der Reißverschluss eingesetzt werden kann. Als Beispiel habe ich hier meine Maße angegeben. Zuerst die Schnittteile aus Zeitungspapier herstellen. Dafür drei Rechtecke aufzeichnen und ausschneiden: Rückseite 20 x 31 cm, Vorderseite 20 x 28 cm, Schlaufen 8 x 20 cm. Teile für Rückseite und Vorderseite auf den Stoff legen, feststecken und ausschneiden. Vom Schlaufenteil werden zwei Stück gebraucht. Das geht am schnellsten, wenn man den Stoff einschlägt und in doppelter Stofflage beide auf einmal ausschneidet.

Schritt 2

Schnittteil für die Vorderseite auf eine passende Stelle der Jeans legen. Ich habe mich für die Gesäßtasche entschieden. Ihr könntet auch mehrere Jeansstücke patchworkartig zusammensetzen. Feststecken und ausschneiden. Dann noch zwei Schlaufenteile aus der Jeans ausschneiden.

GUTER TIPP!

Achtet darauf, dass die Kanten der Schnittteile nicht zu nah an Nähten, Reißverschlüssen, Nieten oder Knöpfen liegen, das könnte eure Nähmaschine und die Nadel überfordern.

Schritt 3

Vor dem Entfernen der Stecknadeln aus der Rückseite 10 cm von der unteren Kante entfernt eine kleine Kerbe in den Stoff schneiden. Auf der anderen Seite wiederholen. Stecknadeln und Papierschnittteil entfernen. Mit Schneiderkreide eine Linie zwischen den zwei Kerben ziehen und den Stoff an dieser Stelle durchschneiden. Hier wird der Reißverschluss eingesetzt.

Schritt 4

Ihr habt jetzt: 1 Vorderseite aus Jeans, 2 Rückseitenteile aus Stoff, 1 Reißverschluss und 4 Schlaufenteile (2 Jeans, 2 Stoff).

Schritt 5

Das kleinere Rückseitenteil liegt mit der rechten Stoffseite nach oben. Reißverschluss rechts auf rechts an die obere Kante stecken.

Nähen mit Reißverschlussfuß

Reißverschlussfüße gibt es in unterschiedlichen Formen. Sie erleichtern das Einnähen von Reißverschlüssen ungemein. Man kann entweder auf der linken oder auf der rechten Seite des Reißverschlusses nähen. Wie ihr seht, ist der Reißverschlussfuß deutlich schmaler als der Standardfuß, deshalb kommt die Nadel viel näher an den Reißverschluss heran.

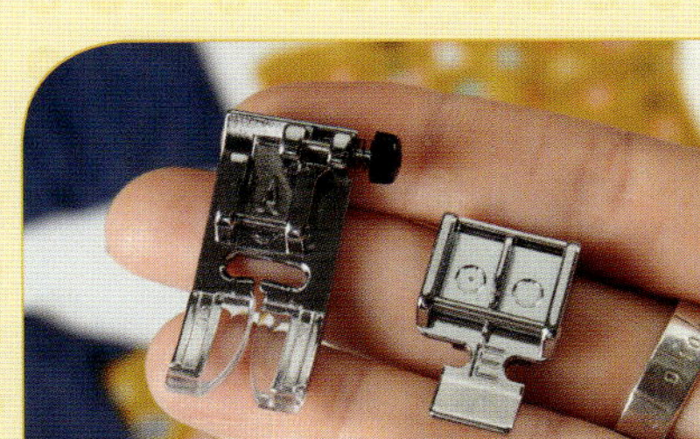

Schritt 6

Mit dem Reißverschlussfuß den Reißverschluss festnähen. Dabei ist der Reißverschluss zunächst offen (6a), und wenn ihr euch dem Schieber nähert, hebt ihr den Nähfuß, damit der Schieber darunter durchpasst (6b), schließt den Reißverschluss, senkt den Nähfuß wieder und näht weiter. So erhaltet ihr eine schöne gerade Naht ganz nah an den Zähnchen, und der Schieber kommt euch nicht in die Quere.

Schritt 7

Auf der anderen Seite des Reißverschlusses mit dem anderen Stoffteil wiederholen. Beim Feststecken der anderen Seite sollte der Reißverschluss geschlossen sein. Nicht vergessen, ihn vor dem Nähen wieder zu öffnen.

Schritt 8

Alle Stecknadeln entfernen, Stoff auffalten und die Reißverschlussnähte flachbügeln.

Schritt 9

Zu beiden Seiten des Reißverschlusses sorgfältig absteppen. Ich mache das mit dem Reißverschlussfuß, um nah an die Zähnchen heranzukommen.

Schritt 10

Zum Zusammensetzen der Tasche Vorder- und Rückseite rechts auf rechts zusammenstecken. Aufpassen, dass die Öffnung der Jeanstasche nach oben zeigt und der Reißverschluss auf der anderen Seite liegt. Reißverschluss zum späteren Wenden etwas öffnen.

Schritt 11

Wieder den Standardnähfuß einsetzen und rundherum mit 1,5 cm Nahtzugabe nähen. Dafür in der Mitte einer Seite anfangen und an der Ecke 1,5 cm von der Kante entfernt mit versenkter Nadel stoppen. Nähfuß anheben, Stoff 90° gegen den Uhrzeigersinn drehen. Nähfuß wieder absenken und die nächsten drei Ecken genauso nähen. Am Ende noch 1 cm über die ersten Stiche hinwegnähen und mit Rückstichen verriegeln.

Schritt 12

Jetzt werden die Ecken der Tasche wie abgebildet schräg abgeschnitten, damit sie sich besser wenden lässt. Aber Vorsicht, nicht in die Naht schneiden!

Schritt 13

Nahtzugaben mit Zickzackstich oder, falls vorhanden, der Overlockmaschine versäubern.

Schritt 14

Tasche auf rechts wenden und Ecken ausformen.

GUTER TIPP!

Ecken mit einem Essstäbchen oder Eckenformer ausformen, nicht mit der Schere! Die Schere könnte Löcher hinterlassen.

Schritt 15

Tasche sorgfältig bügeln, dann rundherum absteppen. Ich habe füßchenbreit abgesteppt. Damit werden auch die Schnittkanten im Inneren noch einmal gesichert, die Tasche sieht professioneller aus und ist robuster. Langsam über den Reißverschluss nähen!

Schritt 16

Jetzt kommen die Schlaufen. Als Material habe ich mich für Jeans und gemusterten Kontraststoff entschieden. Paarweise rechts auf rechts zusammenstecken und nähen. Bei den Ecken wie in Schritt 11 vorgehen, aber dieses Mal an einer langen Seite eine kleine Wendeöffnung lassen (4–5 cm reichen). Nicht vergessen, am Anfang und Ende der Naht zu verriegeln.

Schritt 17

Ecken schräg abschneiden wie in Schritt 12, wenden, bügeln und absteppen. Beim Absteppen wird gleich die Wendeöffnung mit geschlossen.

Schritt 18

Jetzt wird es schwierig: Ihr müsst entscheiden, welche Seite außen sein soll! Schlaufen an der Oberkante der Tasche feststecken (die Jeanstasche ist vorn, der Reißverschluss an der Rückseite unten). Testet, ob euer Lieblingsgürtel durch die Schlaufen passt. Dann wie abgebildet die Schlaufen mit einer rechteckigen Naht festnähen. Dabei wieder genauso vorgehen wie in Schritt 11 beschrieben – beim Drehen an den Ecken Nadel immer im Stoff lassen. Jetzt die Tasche nur noch am Gürtel befestigen, und auf geht's ins nächste Abenteuer!

UMARBEITEN & AUFWERTEN

GUTER TIPP!

Aus meinen zwei Hemdsärmeln habe ich etwa 4,5 m Schrägband hergestellt (siehe S. 61). So wenig Stoff kann eine ganze Menge hergeben. Zur Aufbewahrung das Schrägband um eine Wäscheklammer oder Ähnliches wickeln und das Ende mit einer Stecknadel sichern. Es gibt auch sehr praktische Schrägbandformer zu kaufen, die das Bügeln erheblich beschleunigen.

GUTER TIPP!

Übriggebliebene Kragen nicht wegwerfen! Verziert mit Stickereien, Spitze oder Perlen sind sie tolle Accessoires. Tragt sie einfach wie eine Kette um den Hals, das sieht zu einem schlichten T-Shirt toll aus!

SPITZE

Ich liebe Upcycling! Man kann dabei kreativ werden und gleichzeitig seine Garderobe aufpeppen. In Secondhandläden schaue ich immer nach Spitzendeckchen. In der Wohnung benutzt sie heute kaum jemand mehr, aber aus einem langweiligen Kleidungsstück können sie im Handumdrehen etwas ganz Besonderes machen.

Spitze oder Stickereien können an den Ellbogen von Pullovern genäht oder als Manschetten oder Kragen verwendet werden. Fragt in der Familie und bei Freunden herum, wer noch unbenutzte Spitzendeckchen in der Schublade liegen hat, mit denen ihr eure Kleidung aufpeppen könntet. Aus ein paar bestickten Tischdecken und Taschentüchern kann man auch eine Bluse nähen! Auf dem Foto seht ihr, wie ich das gemacht habe. Hier kommt jedes Detail voll zur Geltung.

GUTER TIPP!

Arrangiert die Spitze und bestickten Stoffe zuerst auf der Schneiderpuppe, und näht sie erst zusammen, wenn euch die Anordnung richtig gut gefällt.

STICKEN

Auch durch Besticken lässt sich Kleidung ganz individuell gestalten. Im Internet findet ihr jede Menge Inspiration und Anleitungen. Ich besticke gern Tascheneingriffe – das beweist auch, dass man gar keine komplizierten Stiche beherrschen muss, um einen ausdrucksstarken Look zu erzeugen.

Ein einfacher Heftstich in unterschiedlichen Farben oder über Jeansflicken, mehr braucht es nicht. Benutzt am besten einen Stickrahmen, damit der Stoff straff bleibt und gleichmäßige Stiche leichter fallen.

GUTER TIPP!

Das Muster vor dem Sticken mit einem wasserlöslichen Stift aufzeichnen!

BLOCKDRUCK UND BATIK

Färben und Blockdruck sind weitere Möglichkeiten, Kleidungsstücken einen ganz neuen Stil zu verleihen – oder auch Waschunfälle und Verfärbungen zu vertuschen! Blockdruck macht einen Riesenspaß, ich bin regelrecht süchtig danach. Ihr könnt eigene Stempel aus Schaumstoff oder Kartoffeln herstellen. Das ist auch eine tolle Beschäftigung für Kinder, also spannt sie ruhig ein (unten links seht ihr meinen Neffen Reyer). Ich liebe meine immer größer werdende Sammlung original indischer Druckblöcke. Damit peppe ich einfache Blusen auf oder stelle eigene Stoffdesigns her. Vergesst nur nicht, den Druck vor dem Waschen zu fixieren!

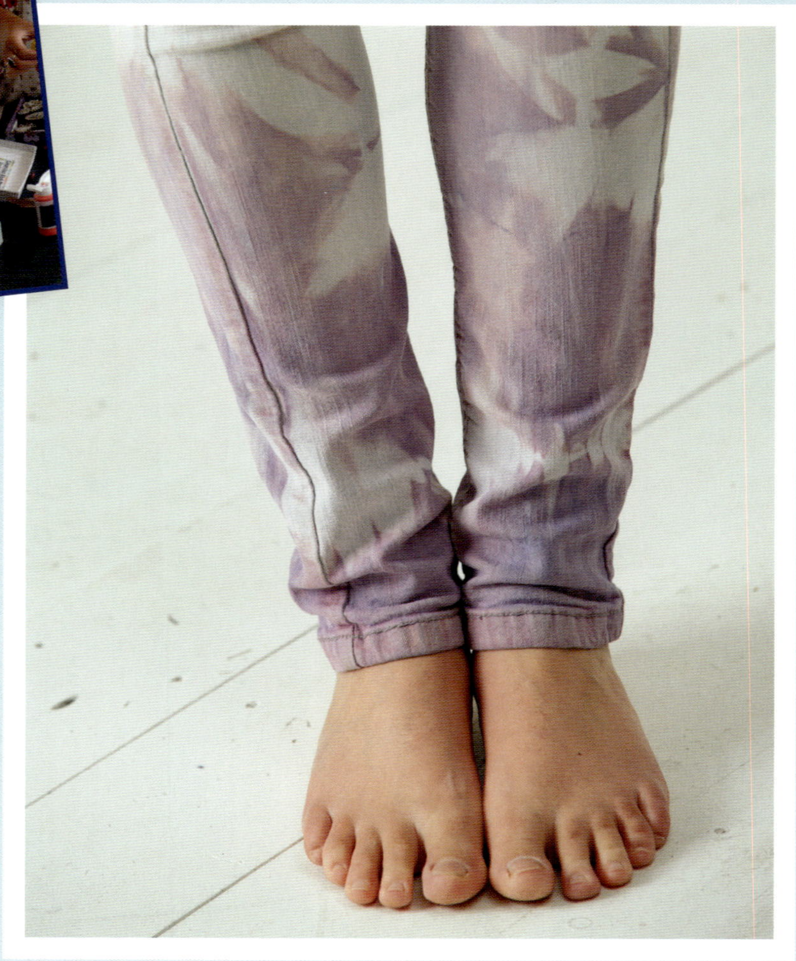

Ihr habt eine helle Jeans, die irgendwie langweilig ist? Verleiht ihr doch mit der Batiktechnik einen leichten Hippie-Touch! Einfach beliebig zusammenlegen, verdrehen, abbinden, und dann ab ins Färbebad. Ihr könnt chemische Farbe kaufen (die gibt es oft sogar im Supermarkt beim Waschmittel!) oder auch Naturfarbe aus Früchten und Pflanzen selbst herstellen.

FRANSEN-TOP

FRANSEN! Ich liebe sie. Hier seht ihr ein superschnelles Upcycling-Projekt, das ich mir für einen Auftritt mit meiner Band Snooty Bobs einfallen lassen habe. Es ist ein tolles Teil für Musikfestivals und 70er-Jahre-Partys oder für euren eigenen großen Auftritt.

ECKDATEN

Ihr braucht

- Stretchtop mit 3/4- oder langen Ärmeln
- Altes T-Shirt
- Jersey- oder Stretch-Nähmaschinen-nadel

Ihr lernt

- Kleidungsstück umarbeiten
- Schnittteile zusammensetzen
- Maschinennähtechniken
- Upcycling

Nahtzugabe

Füßchenbreit nähen

1

Schritt 1

Aus dem T-Shirt zwei große rechteckige Stoffstücke schneiden: Dafür alle Nähte und Säume abschneiden und von Achsel zu Achsel schneiden. Das Tolle an diesem Material (Jersey) ist, dass die Schnittkanten nicht ausfransen. Deshalb können wir es gut für Fransen benutzen.

2

Schritt 2

Das langärmelige Top auf links drehen und vorsichtig die Ärmelnähte auftrennen, sodass ein langer Schlitz entsteht. Dieser soll so lang sein wie die längste Seite der T-Shirt-Stoffstücke, aber unter dem Arm und am Ärmelsaum müssen mindestens 2 cm der ursprünglichen Naht erhalten bleiben. Wenn das Stoffstück zu lang für den Schlitz ist, einfach ein Stück abschneiden.

GUTER TIPP!

Wer genauso ungeduldig ist wie ich, kann die Naht an dieser Stelle auch vorsichtig knapp abschneiden, bis auf die eben erwähnten 2 cm oben und unten. Dadurch sind die Arme nach dem Zusammennähen ein klein wenig enger, aber da das Material dehnbar ist, sollte das kein großes Problem sein.

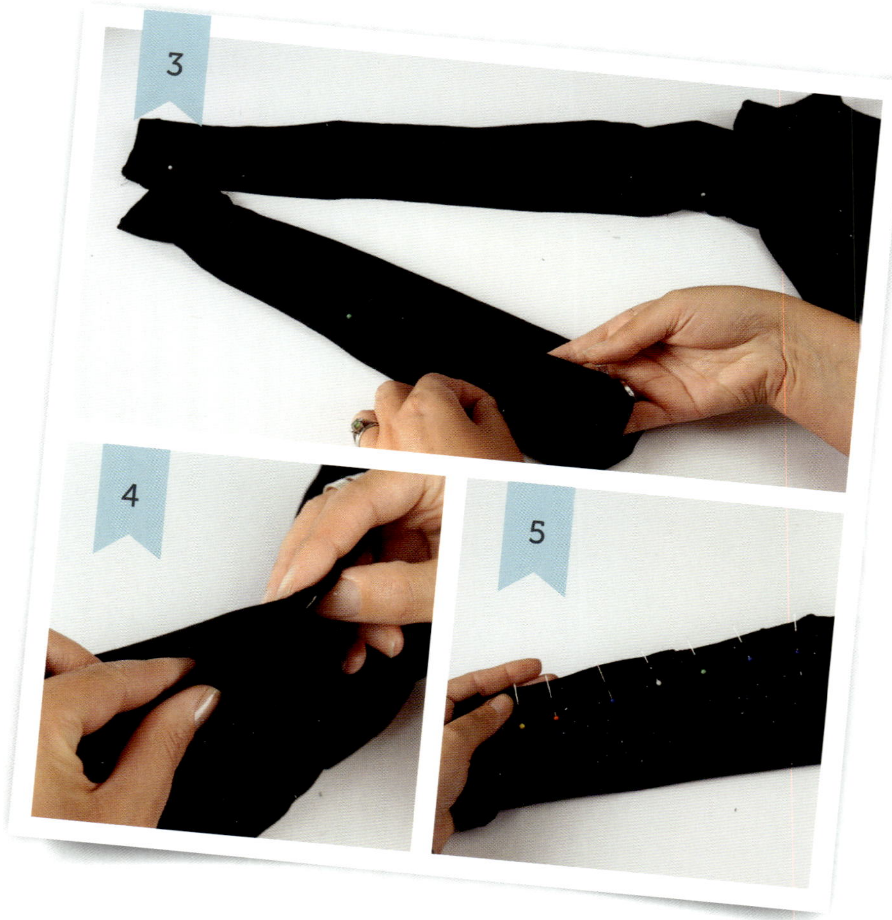

Schritt 3

Zum Einsetzen der rechteckigen Stoffstücke in den Arm werden beide Stücke aufgerollt. 5 cm bleiben frei. Diese Rolle feststecken, damit sie sich im nächsten Schritt nicht löst.

Schritt 4

Ärmelschlitz öffnen und Rolle hineinlegen. Das nicht aufgerollte Ende zeigt zur Öffnung. Dann alle drei Schnittkanten bündig aufeinanderlegen. Hier entsteht die neue Ärmelnaht.

Schritt 5

Sorgfältig feststecken.

Schritt 6

Vor dem Nähen zuerst eine Jersey- oder Stretchnadel einsetzen. Eine Universalnadel kann das Material beschädigen. Mit einem Dreifach-Geradstich die Naht schließen, dabei oben noch auf den intakten 2 cm Originalnaht beginnen und unten auch über die 2 cm am Ärmelsaum nähen. Ich habe hier füßchenbreit genäht, also die Kante des Nähfußes an der Stoffkante entlanggeführt. Ein normaler Geradstich ist für Jersey nicht geeignet, da eine solche Naht nicht dehnbar ist und reißen kann, wenn das Material gedehnt wird.

Schritt 7

Zum Versäubern der Nahtzugaben einen Zickzackstich oder Pseudo-Overlockstich einstellen und so nah wie möglich am Rand die Nahtzugaben zusammennähen. Dadurch wird die zuvor aufgetrennte Overlocknaht imitiert. Auf dem Foto habe ich kontrastfarbenes Garn verwendet, damit ihr alles gut seht, aber ihr solltet auf jeden Fall farblich passendes Garn benutzen.

Schritt 8

Wenn beide Ärmel wieder zusammengenäht sind, das Top wieder auf rechts drehen und die Stecknadeln aus den Stoffrollen entfernen. Jetzt kommen die Fransen! Das Top auf eine ebene Unterlage legen und Ärmel sowie Fransenstoff ausbreiten. Unten beginnend den Fransenstoff in etwa 2 cm breite Streifen schneiden, dabei aber nicht zu nah an die Ärmelnaht kommen. So bis zum Ende der Stoffbahn fortfahren.

Schritt 9

Vorsichtig einen Streifen nach dem anderen langziehen. Dabei rollen sich die Streifen ein und die Schnittkanten verschwinden wie von selbst. Diese Schritte am anderen Ärmel wiederholen, Top anziehen und tanzen gehen!

VERKEHRTES HEMD

Was ich beim Upcycling besonders gern mache, ist, Hemden auseinanderzuschneiden und umzuarbeiten. Sie geben so viel Material her, und man lernt dabei sehr viel darüber, wie Kleidung konstruiert ist. Kragen, Manschetten, Knopfleisten, Passen, Sättel, Ärmel und Taschen, ganz zu schweigen von den verschiedenen Nahtarten – in einem Hemd sind so viele Techniken vereint, dass ich jedem empfehlen würde, sich mal eins genauer anzusehen. Das verkehrte Hemd ist das perfekte Projekt, wenn ihr einfach mal was Neues anziehen wollt, aber nicht die Zeit habt, etwas komplett selbst zu nähen. Und mit den richtigen Verzierungen wird die neu entstandene Bluse zu einem ganz besonderen Stück.

ECKDATEN

Ihr braucht

- Passendes Herrenhemd
- Stickgarn (optional)

Ihr lernt

- Kleidungsstück umarbeiten
- Passform anpassen (Grundlagen)
- Schnittteile zusammensetzen
- Handnähtechniken
- Maschinennähtechniken
- Schrägband herstellen
- Upcycling

Nahtzugabe

Füßchenbreit nähen

Schritt 1

Wenn ihr ein altes Hemd mit einer Brusttasche verwendet, schaut nach, ob der Stoff in der Tasche dunkler ist (weil der Rest des Hemds mit der Zeit ausgeblichen ist).Falls ja, solltet ihr das Hemd nicht benutzen, denn bei diesem Projekt müssen alle Taschen abgenommen werden. Dafür einen Nahttrenner benutzen und von der rechten Seite aus die Nähte auftrennen – dann kann höchstens die Tasche beschädigt werden. Ebenso vorsichtig die zwei Ärmel abtrennen. Manchmal gibt es zwei Nahtlinien, also kommt nicht in Versuchung, den Ärmel einfach abzureißen, sonst könntet ihr das Oberteil beschädigen.

GUTER TIPP!

Viele kleine Fädchen lassen sich mit einer Fusselrolle ganz schnell entfernen.

Schritt 2

Abgetrennte Ärmel beiseitelegen. Jetzt wird auch der Kragen entfernt. Dafür wieder mit einem Nahttrenner vorsichtig den Kragensteg (an dem der eigentliche Kragen sitzt) abtrennen.

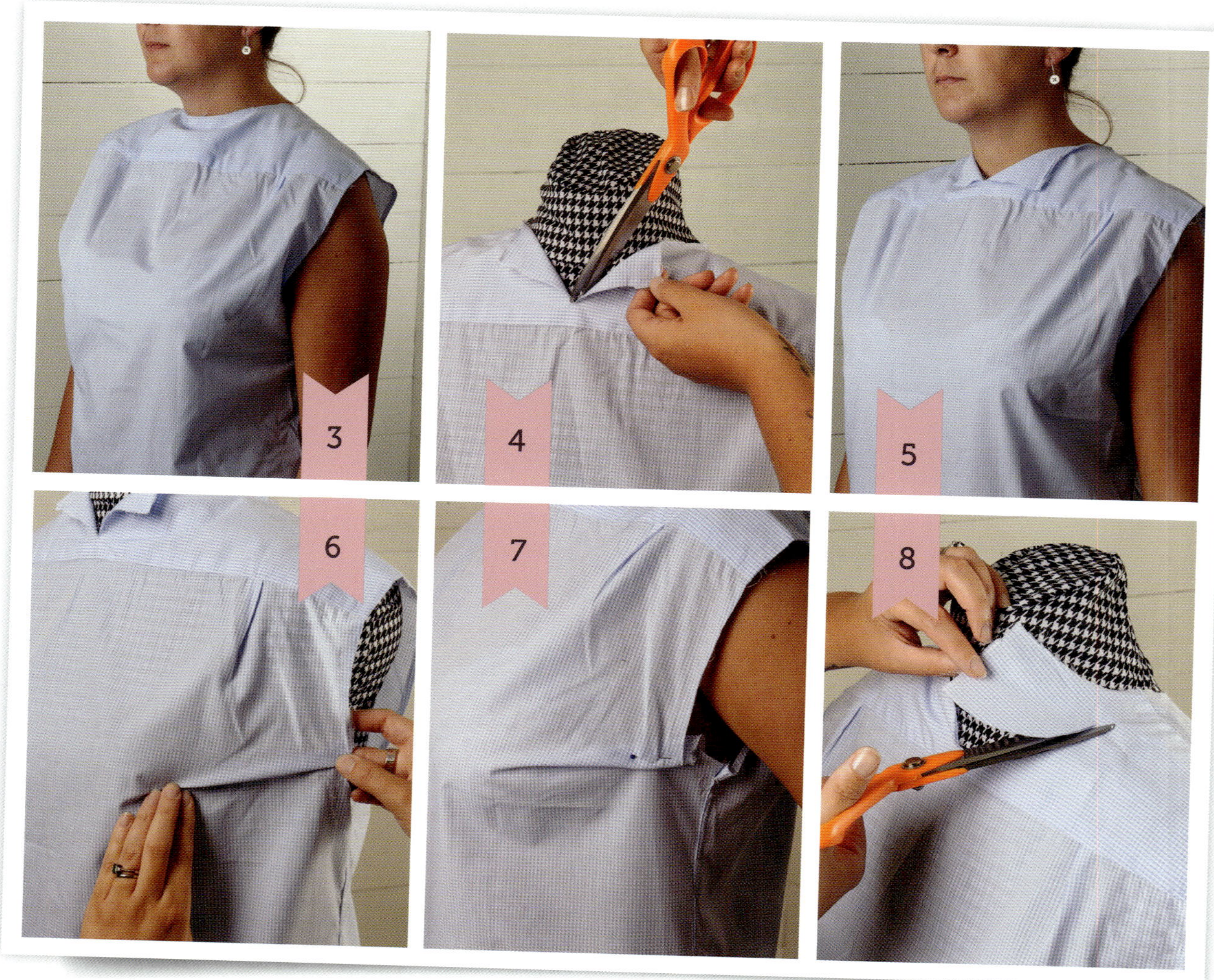

Schritt 3

Hemd vor dem Spiegel rückwärts anprobieren. Wahrscheinlich muss der Kragen noch verändert und dem Brustbereich etwas Form gegeben werden. Prüft zuerst, ob es am Hals zu eng ist.

Schritt 4

Wenn ja, macht einen kleinen Schnitt vorn (also eigentlich hinten) genau in der Mitte, bis euch die Weite angenehm ist und der Stoff keine Falten mehr wirft.

Schritt 5

Zweitens: Klaffen die Armlöcher? Dann ist ein Abnäher zwischen Brust und Armloch nötig, um die Öffnung zu verkleinern.

Schritt 6

Dafür Hemd anziehen und Stecknadeln bereithalten. An einer Seite des Hemds seitlich an der Brust etwas Stoff wie abgebildet greifen und nach unten falten.

Schritt 7

Abnäher feststecken. Mit einer Schneiderpuppe ist dieser Schritt wesentlich einfacher. Alternativ könnt ihr das Hemd bei diesen Schritten auf links tragen.

Schritt 8

Ausschnitt formen: Von der vorderen Mitte aus in einem Bogen bis zur Schulternaht schneiden und bei Bedarf auch von der Schulternaht zur hinteren Mitte.

Schritt 9

Abgeschnittenes Teil als Schablone für die andere Ausschnittseite verwenden: rechts auf rechts legen, feststecken und ausschneiden. So wird alles schön symmetrisch.

Schritt 10

Damit die Abnäher auf beiden Seiten gleich werden, die Position der Stecknadeln mit wasserlöslichem Stift markieren und dann Nadeln entfernen.

Schritt 11

Hemd längs in der Mitte falten; Armlöcher und Seitennähte treffen aufeinander. Die Markierungen auf die andere Hemdseite übertragen. Dafür an diesen Stellen Stecknadeln durch alle Lagen stechen – dann kann nach dem Umdrehen einfach dort markiert werden, wo die Stecknadeln sichtbar sind.

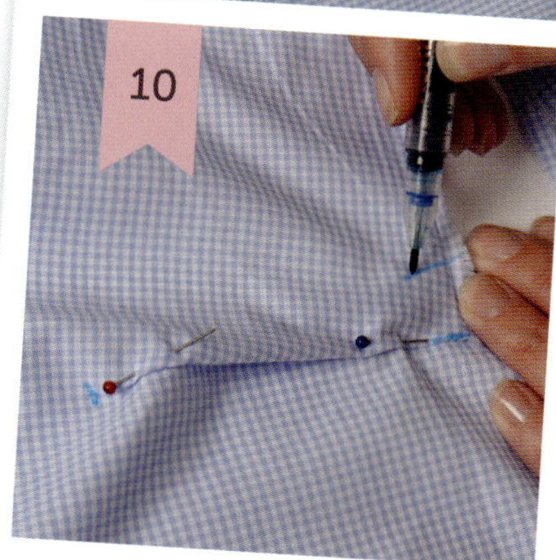

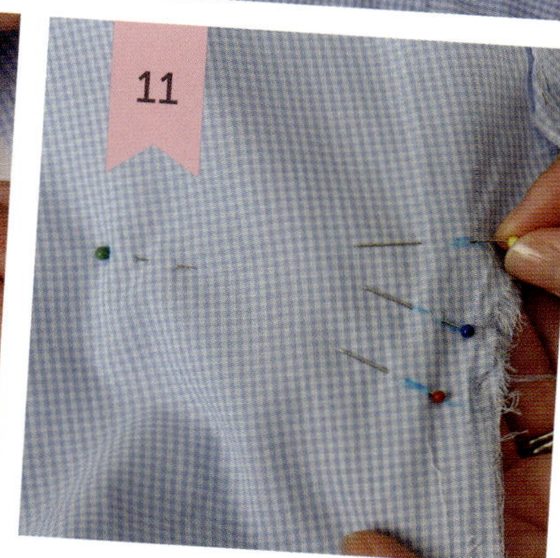

Schritt 12

Stecknadelpositionen mit wasserlöslichem Stift markieren. Zur Passformüberprüfung an beiden Seiten Abnäher wieder feststecken und anprobieren. Wenn alles stimmt, können sie eingenäht werden.

Schritt 13

Ich bügele die Falte des Abnähers gern, bevor ich anfange zu nähen. So kann unter der Nähmaschine nichts unbemerkt verrutschen. Am Armloch beginnend bis zur Spitze nähen. Unbedingt bis ganz zum Ende des Stoffes nähen und beim Abschneiden ein längeres Stück Faden hängen lassen. Fäden verknoten, um die Spitze zu sichern. Der Knoten soll ganz nah am Stoff sitzen. Dann die losen Fadenenden in der Abnäherfalte verstechen. Das dient als zusätzliche Sicherung und versteckt die Fadenenden.

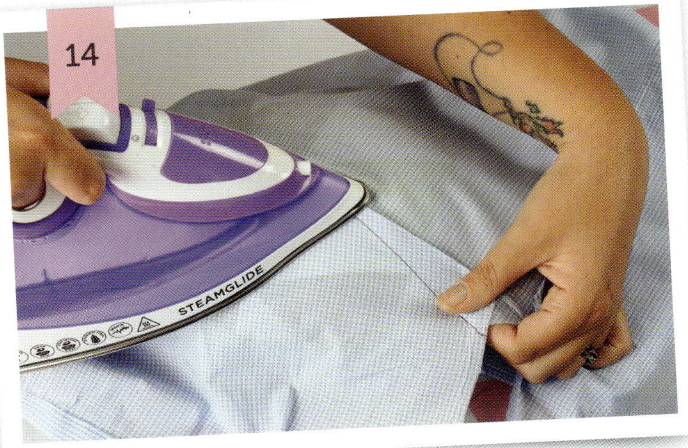

Schritt 14

Abnäher zu einer Seite bügeln, am besten nach unten, sodass er schön glatt liegt. Beim Abnäher auf der anderen Seite wiederholen. Profis formen den Abnäher beim Bügeln mithilfe eines Bügelkissens. Jetzt stellen wir aus dem Ärmelstoff nach der untenstehenden Anleitung Schrägband her.

Technik: Schrägband herstellen

Zum Versäubern der Armlöcher verwenden wir Schrägband aus dem Ärmelmaterial. Dazu zunächst an beiden Ärmeln die Naht abschneiden und die Manschette abtrennen. Dann habt ihr zwei flache Stoffstücke. Diese gründlich bügeln und im schrägen Fadenlauf in 5 cm breite Streifen schneiden. Zum Ermitteln des schrägen Fadenlaufs müsst ihr zuerst den Fadenlauf finden. Dieser sollte auf dem Ärmel genau von oben nach unten verlaufen. Ihr könnt auch unten einen kleinen Schnitt setzen und dann den Stoff einreißen. Er reißt normalerweise entlang des Fadenlaufs (A). Nun den Stoff wie abgebildet schräg einschlagen (B).

Entlang dieser diagonalen Bruchkante verläuft der schräge Fadenlauf. Nun die Streifen parallel zu dieser Diagonale schneiden (C). Die einzelnen Streifen müssen dann zusammengenäht werden, um einen durchgehenden Streifen zu erhalten. Dafür die Enden in einem exakten 45°-Winkel abschneiden. Dann jeweils zwei Streifen rechts auf rechts aufeinanderlegen. Dabei müssen an beiden Seiten die Spitzen etwas überstehen, sonst sind die Abschnitte hinterher versetzt. Nun die Streifen an der schrägen Kante mit einem Geradstich füßchenbreit zusammennähen (D). Anschließend Nahtzugaben auseinanderbügeln und überstehende Spitzen abschneiden.

Für normales Schrägband würde man den Streifen nun längs in der Mitte falten und bügeln, dann wieder öffnen, die Kanten zur Mitte falten und erneut bügeln. Bei diesem Projekt setzen wir das Band jedoch etwas anders ein. Wenn etwas übrig bleibt, lest auf S. 45 meinen Tipp zur Aufbewahrung.

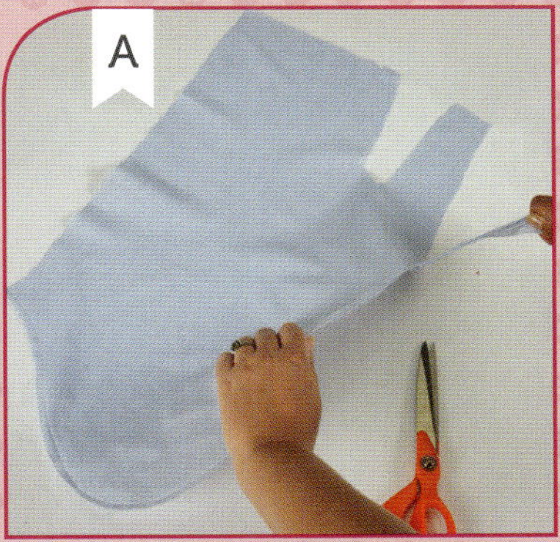

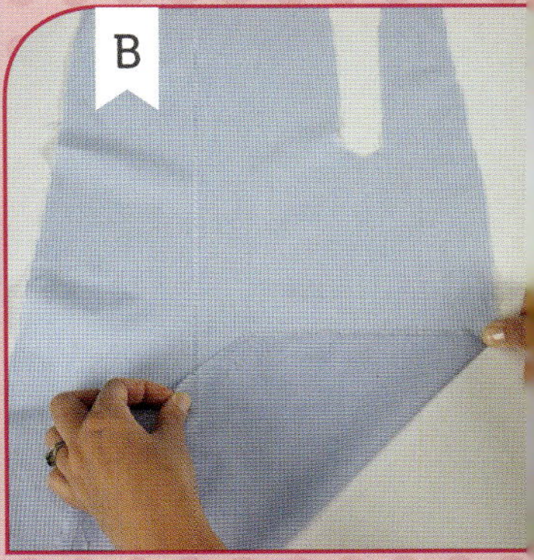

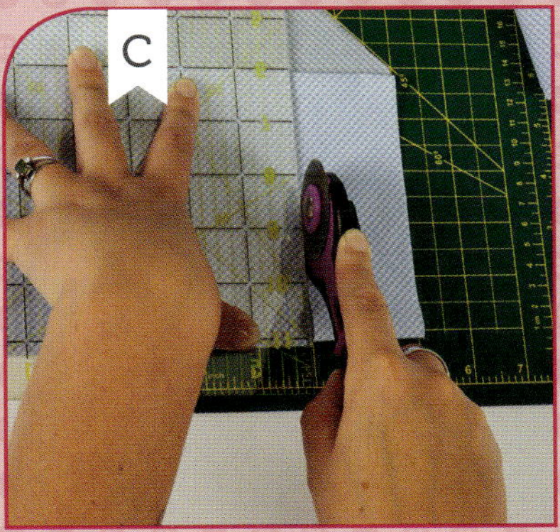

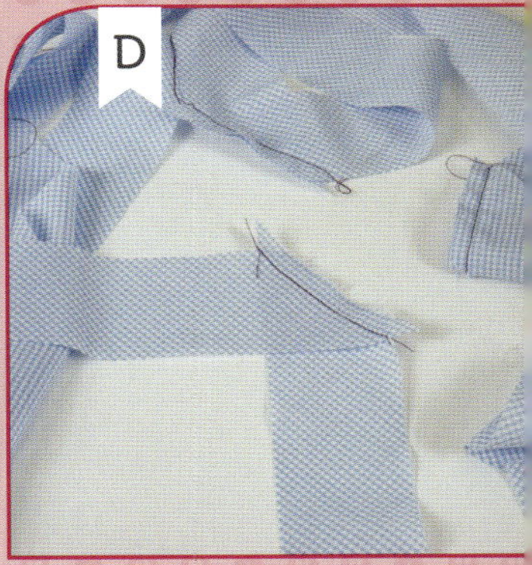

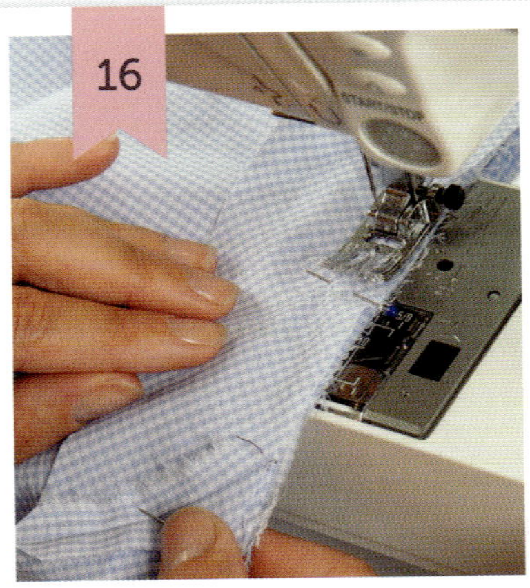

Schritt 15

Schrägband rechts auf rechts an der Seitennaht beginnend rundherum an die Armlochkante stecken. Dabei am Anfang und am Ende mindestens 2,5 cm überstehen lassen. An dieser Stelle wird das Band später so zusammengenäht, dass die Naht direkt auf die Seitennaht trifft.

Schritt 16

Schrägband mit der Nähmaschine festnähen, aber den Bereich um die Seitennaht auslassen (2,5 cm links und rechts).

Schritt 17

Die überstehenden Enden rechts auf rechts genau auf Höhe der Seitennaht zusammenstecken. Dann etwas wegziehen, um besser unter den Nähfuß zu kommen.

Schritt 18

Mit einem Geradstich zusammennähen und Enden zurückschneiden.

Schritt 19

Einfassung fertignähen: Über das Ende der ersten Naht nähen, Nahtzugaben der Schrägbandnaht beim Darübernähen öffnen und auch noch einmal über den Anfang der ersten Naht hinwegnähen.

Schritt 20

Nahtzugabe zur Einfassung hin bügeln. Dann Einfassung nach innen bis zur Nahtlinie falten und bügeln.

Schritt 21

Einfassung erneut an der Nahtlinie falten. Nun liegt das Band vollständig auf der Innenseite und dient als Beleg für das Armloch.

Schritt 22

Zum Schluss wird die Einfassung festgesteckt und mit einem Geradstich angenäht. Das geht leichter, wenn man auf der Innenseite, also auf dem Einfassband, näht, damit man sieht, wo man nähen muss. Die Einfassung sorgfältig rundherum knappkantig festnähen. Am Ende noch 1 cm über den Nahtbeginn nähen und verriegeln. Mit etwas mehr Erfahrung wird es euch auch gelingen, von außen zu nähen und dabei die Kante der Einfassung zu erfühlen.

Schritt 23

Auf die gleiche Weise fassen wir auch den Ausschnitt ein, mit einem kleinen Unterschied. Schrägband rechts auf rechts an den Ausschnitt stecken, dabei zu beiden Seiten der Knopfleiste etwa 2 cm überstehen lassen. Mit einem Geradstich füßchenbreit annähen. An den Rundungen V-förmige Kerben in die Nahtzugabe einschneiden. Dadurch liegt der Ausschnitt später schön glatt an und nichts beult. Nahtzugabe zur Einfassung hin bügeln.

GUTER TIPP!

Ecken müssen immer schräg abgeschnitten und Rundungen eingeschnitten werden!

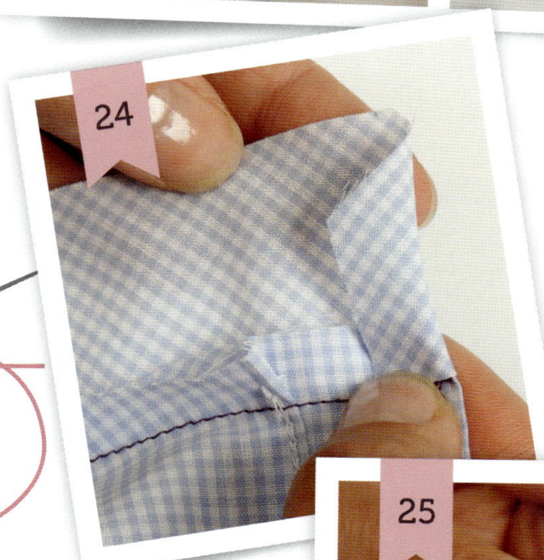

Schritt 24

Um die offenen Kanten der Knopfleisten zu verstecken, wird das Ende des Einfassbands vor dem nächsten Schritt nach innen eingeschlagen. Nicht vergessen, an der Einfassung die Ecke schräg abzuschneiden.

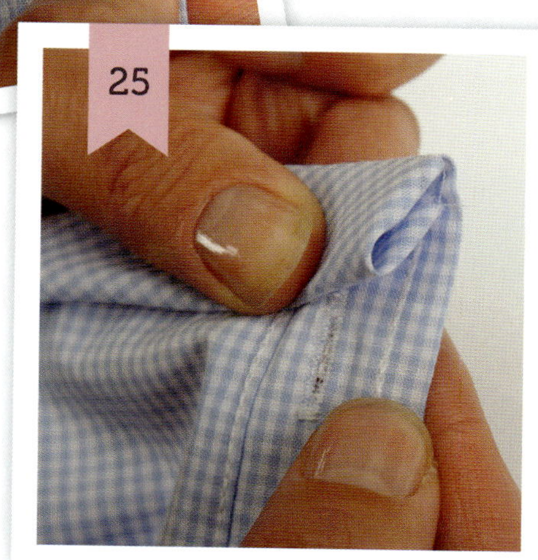

Schritt 25

Einfassung auf der linken Seite zur Nahtlinie einschlagen, dann an der Nahtlinie erneut falten. Statt die Einfassung mit der Maschine festzunähen, verwenden wir diesmal einen Blindstich, der mit der Hand genäht wird.

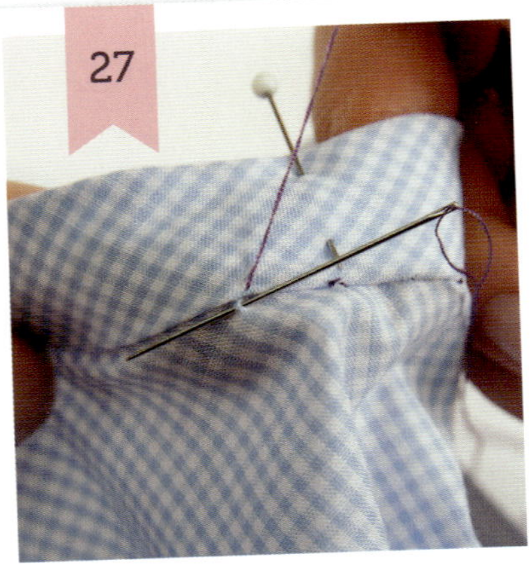

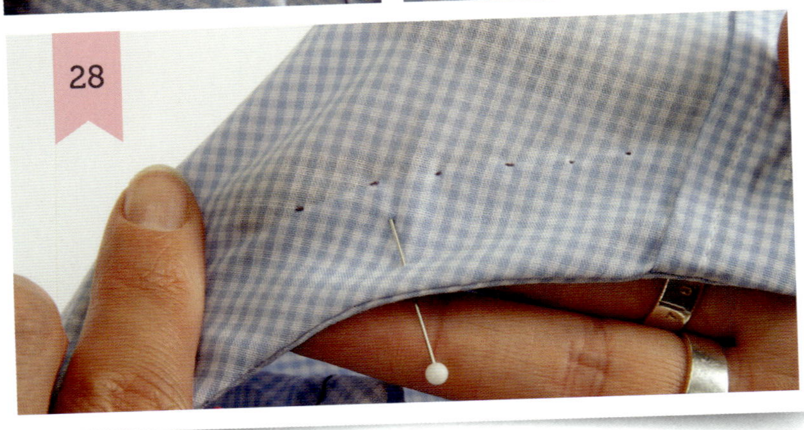

Schritt 26

Farblich passendes Garn in eine Nadel fädeln (das kontrastfarbene Garn auf den Fotos dient nur zur Verdeutlichung) und am Ende einen Knoten machen. Wir beginnen an der Knopfleiste. Nadel durch die Bruchkante der Einfassung nach vorn bringen.

Schritt 27

Einen sehr kleinen Stich in den Stoff des Oberteils setzen. Diese muss wirklich so klein wie möglich sein. Dann wieder in die Bruchkante der Einfassung stechen und etwa 5 mm weiter links wieder herauskommen. Dann wieder einen winzigen Stich in den Hauptstoff setzen.

Schritt 28

Versucht, die Stiche in möglichst gleichen Abständen zu setzen, so sieht es besonders professionell aus. Bluse ein letztes Mal bügeln, besonders am Ausschnitt und an den Armlöchern.

Schritt 29

Für das gewisse Etwas könnt ihr die Bluse auch noch verzieren, zum Beispiel am Ausschnitt oder auf dem Sattel. Zarte Nieten, Stickereien oder Spitze machen aus dem verkehrten Hemd etwas ganz Besonderes.

KLEIDUNG GANZ SELBST-GENÄHT

GUTER TIPP!

Mini-Schneiderpuppen finde ich praktisch, um Schnitte und Ideen zu testen, bevor ich sie in Lebensgröße mit viel Stoff umsetze. Diese hier habe ich sehr günstig bekommen – eigentlich ist sie für Schmuck gedacht.

GUTER TIPP!

Wenn ihr für euch selbst Kleidung nähen wollt, zieht der Schneiderpuppe einen eurer BHs an! Dann entspricht sie eurer Körperform gleich viel genauer.

MASSNEHMEN

Kleidungsstücke als Schablone

Anhand von Kleidungsstücken, die euch gut passen, lässt sich schnell ein Grundschnitt erstellen. Achtet aber darauf, dass die Stoffarten übereinstimmen. Wenn ihr etwas aus einem Webstoff nähen wollt, dürft ihr kein Kleidungsstück aus Jersey als Schablone verwenden, weil das eure Größe nicht richtig wiedergibt. Verwendet stattdessen eine Bluse oder ein Leinentop. Bevor ihr loslegt, zieht ihr euer Kleidungsstück am besten noch einmal an, stellt euch vor den Spiegel und macht euch Notizen. Zum Beispiel: Wo beginnt und endet die Schulter? Möchtet ihr irgendetwas verlängern oder kürzen? Wo sitzt der Saum an eurem Körper? Ist das Oberteil eng, oder sitzt es locker? Diese Fragen helfen euch, eure eigenen Sachen zu entwerfen, anzupassen und herzustellen. Vergesst beim Abzeichnen des Kleidungsstücks nicht, eine Nahtzugabe hinzuzufügen, sonst wird das neue Teil am Ende zu klein (siehe auch S. 80 und 96).

Sich selbst vermessen

Kleidung nur anhand der eigenen Maße zu nähen, ist sehr aufregend, kann aber auch etwas beängstigend wirken. Hier zeige ich euch, dass ihr gar nicht viele Maße braucht, um loszulegen, und die könnt ihr auch selbst bei euch nehmen. Kein anderer muss sie erfahren, also seid ehrlich zu euch!

Zuerst braucht ihr euren Messassistenten – das Gummiband. Knotet euch ein Stück um die Taille und lasst es dort, während ihr die anderen Maße nehmt. Mit der Zeit rutscht es von allein an eure natürliche Taille – also in Ruhe lassen! Die meisten Menschen wissen gar nicht, wo ihre Taille sitzt, nämlich ungefähr 5 cm über dem Bauchnabel. Zupft ihr auch ständig an Oberteilen und Kleidern herum? Das liegt daran, dass die Kleidung immer wieder zur Taille wandert. Die meisten Passformprobleme entstehen, wenn die Taille des Kleidungsstücks nicht an eurer tatsächlichen Taille sitzt. Deshalb ist es so wichtig, diese zu ermitteln. Außerdem messen wir eure Bundweite aus. Diese wird an der Stelle gemessen, auf der euer Kleidungsstück sitzen soll. Das kann irgendwo zwischen der Hüfte und der Taille sein, ganz wie ihr wollt.

Letzte Tipps, bevor es losgeht

- Tragt keine zu dicke Kleidung, wenn ihr euch vermesst. Bis auf die Unterwäsche müsst ihr euch aber auch nicht ausziehen – T-Shirt und Stoffhose sind völlig in Ordnung.
- Wenn ihr am Oberkörper einen Umfang ausmesst, sollte das Maßband überall parallel zum Boden verlaufen. Prüft das am besten im Spiegel.
- Stellt euch beim Maßnehmen gerade hin und schaut in den Spiegel, nicht nach unten, denn beim Herunterbeugen kann sich das Maß verändern.
- Das Maßband soll am Körper anliegen, aber nicht zu straff gezogen werden. Atmet tief ein und aus und atmet dann normal weiter, wenn ihr ein Maß bestimmt. Es hat keinen Sinn, den Bauch einzuziehen oder die Luft anzuhalten. Schließlich sollt ihr in euren neuen Klamotten ja auch nicht den Bauch einziehen müssen.
- Auf der ersten Seite jeder Projektanleitung gebe ich an, welche Maße jeweils benötigt werden. Legt euch einen Taschenrechner zurecht, denn manchmal müsst ihr ein bisschen rechnen, um eure Schnitte zu entwerfen. Aber keine Sorge, schwierig wird das nicht – ich bin ja selbst absolut kein Mathegenie.
- Ihr braucht Stift und Papier, euer Maßband, Gummiband, einen Spiegel und einen Taschenrechner.

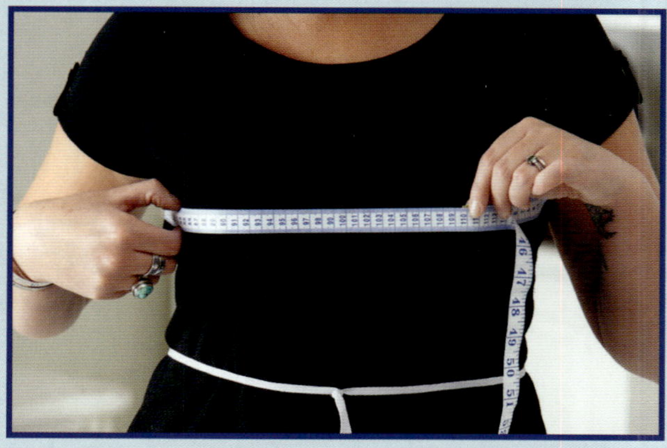

1. Brustumfang: Um die stärkste Stelle der Brust herum messen. Dabei atmen nicht vergessen!

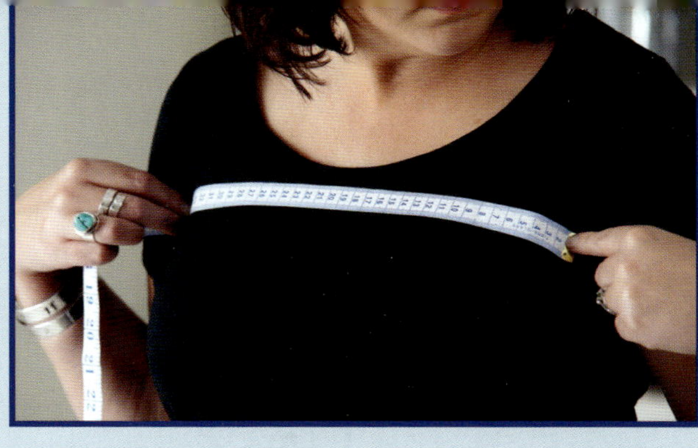

2. Achselweite: Fingerspitzen vor die Achseln setzen und von Finger zu Finger messen.

3. Überbrustumfang: Gleiche Position wie oben, aber um den ganzen Oberkörper herum gemessen.

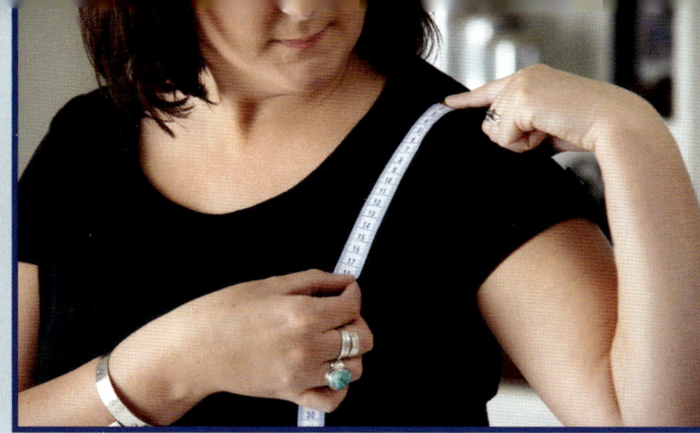

4. Achseltiefe: Von der höchsten Stelle der Schulter (nicht von der Schulternaht an eurem Shirt, die kann versetzt sein!) bis zur Höhe der Achseln messen.

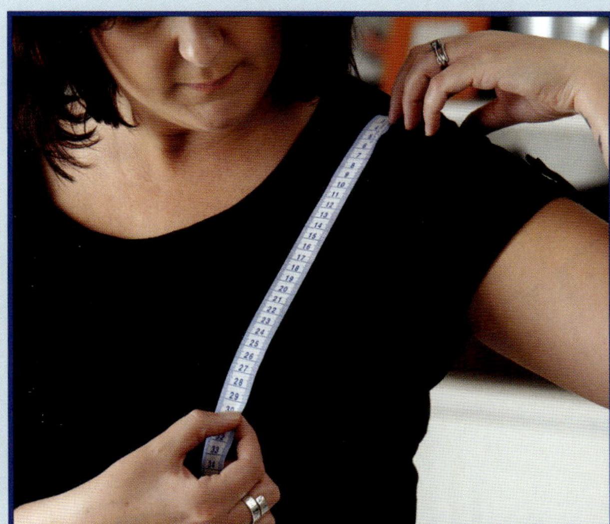

5. Brusttiefe: Von der höchsten Stelle der Schulter bis zur Brustspitze messen.

6. Unterbrusttiefe: Von der höchsten Stelle der Schulter bis unter die Brust messen. Dabei muss das Maßband mittig über die Brust verlaufen, dort, wo der BH-Träger sitzen würde.

7. Taillenumfang: Den Umfang auf Höhe des Gummibands messen – das ist die natürliche Taille.

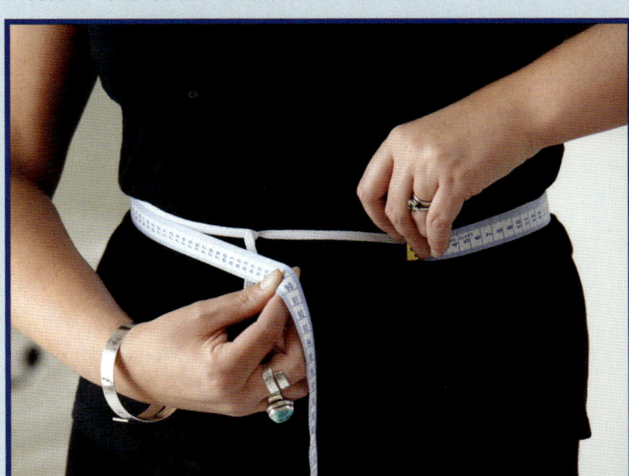

8. Bundweite: Das ist der Punkt unterhalb der Taille, auf der eure Kleidungsstücke normalerweise sitzen. Denkt an eure Lieblingsjeans, wo sitzt bei dieser der Bund? Am besten anziehen und nachschauen!

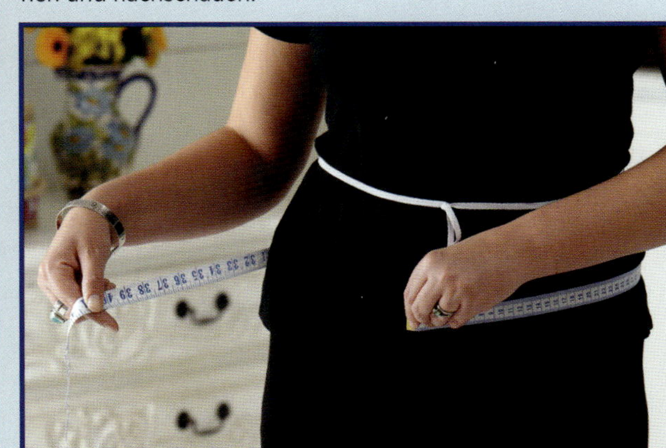

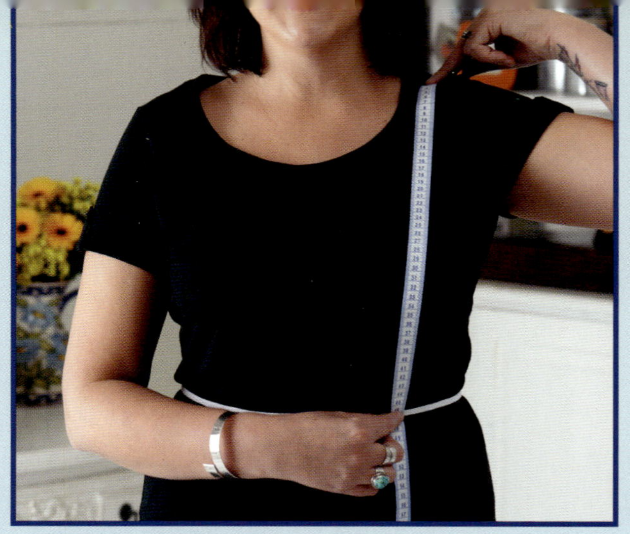

9. **Taillenlänge:** Von der höchsten Stelle der Schulter über die Brust bis zum Gummiband messen. Dabei nicht nach unten schauen, sondern in den Spiegel!

10. **Hüftumfang:** Das ist nicht am Hüftknochen, sondern an der stärksten Stelle des Pos. Messt auf dieser Höhe den Umfang und schaut im Spiegel nach, ob das Maßband auch wirklich parallel zum Boden ist.

11. **Hüfttiefe:** Vom Gummiband bis zur eben ausgemessen Hüfthöhe messen. Beim Messen wieder in den Spiegel schauen!

12. **Schulterabstand:** Ermittelt, wo der Arm auf die Schulter trifft (das ist nicht unbedingt an der Schulternaht eures Shirts!). Verlängert gedanklich die Linien von Arm und Schulter – dort wo sie sich treffen, setzt ihr das Maßband an. Von dort über den Rücken bis zum gleichen Punkt auf der anderen Seite messen.

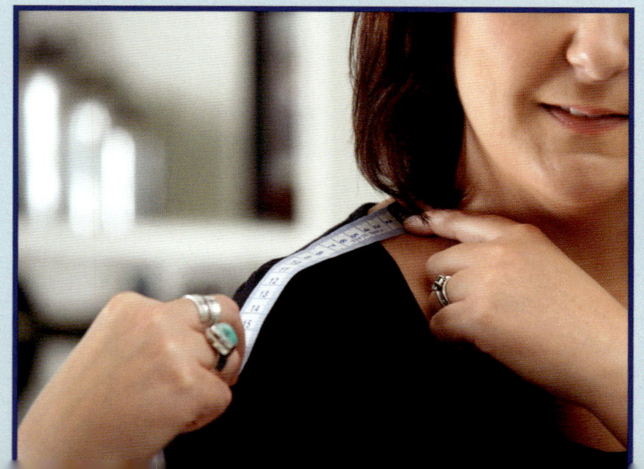

13. **Schulterbreite:** Vom gleichen Schulterpunkt bis zum Halsansatz messen.

14. **Ärmellänge:** Hand auf die Hüfte setzen. Vom Schulterpunkt aus über den angewinkelten Arm am Ellenbogen vorbei bis zum Handwurzelknochen messen.

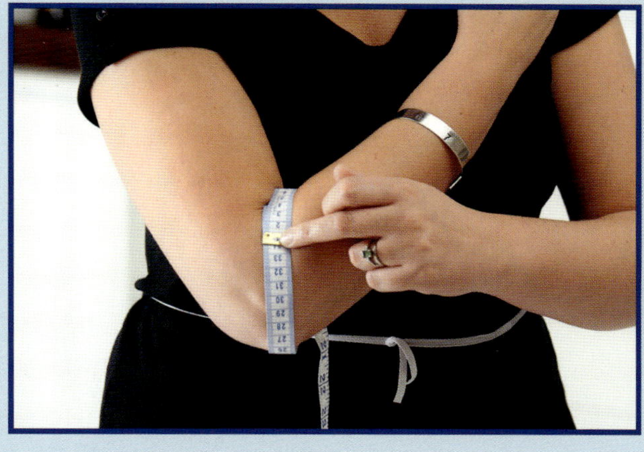

15. Ellenbogenumfang: Maßband um den Ellenbogen legen und dann den Arm anwinkeln. So werden Ärmel an dieser Stelle nicht zu eng.

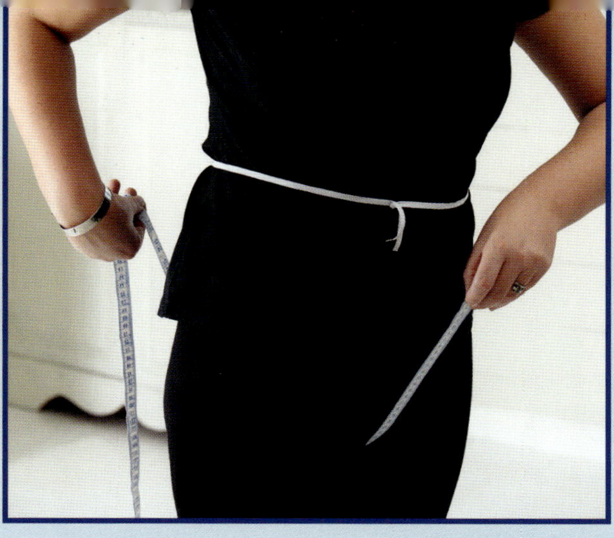

16. Schritt: Von der gewünschten Bundhöhe am Rücken aus durch die Beine nach vorn bis zur Bundhöhe am Bauch messen. Maßband festhalten und hinsetzen. Wenn es sich zu eng anfühlt, das Maßband etwas lockern, bis ihr bequem sitzen könnt.

17. Gesamtlänge: Richtet sich danach, was für ein Kleidungsstück hergestellt wird. Das Maßband hängt mit dem Anfang nach unten auf der Höhe, wo das Kleidungsstück enden soll. Das andere Ende an den höchsten Punkt der Schulter legen, sodass es über die Brust hängt. Finger auf dem Maßband lassen, Maßband herunternehmen und das Maß ablesen. Nicht vergessen, dabei gerade zu stehen!

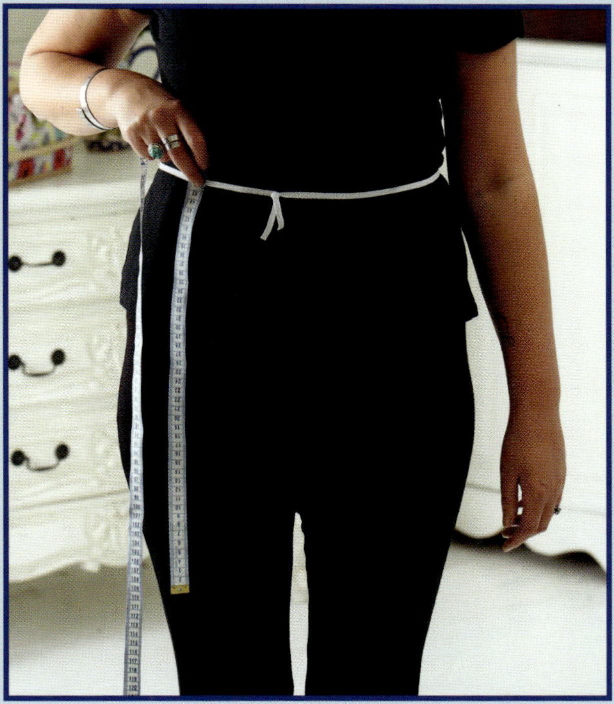

18. Kleiderlänge ab Taille: Das Maßband hängt mit dem Anfang nach unten auf der Höhe, wo das Kleidungsstück enden soll. Das andere Ende an die Taille legen. Finger auf dem Maßband lassen, Maßband herunternehmen und das Maß ablesen.

TELLER-ROCK

Diese Art von Röcken erinnert mich immer an meine Mutter Lain: Sie trug sehr oft farbenfrohe, ausladende Röcke, die ihr um die Beine raschelten, wenn sie barfuß oder in Flipflops durch die Gegend lief, egal bei welchem Wetter. In meinen Augen wird sie immer ein wilder Hippie bleiben, auch wenn sie solche Röcke jetzt nicht mehr so oft trägt. Im Originalprojekt habe ich eine runde Tischdecke benutzt, weil mir der Druck gefallen hat und sie schon gesäumt war, aber für die Anleitung habe ich Meterware genommen. Eine quadratische Tischdecke würde auch eine interessante Rockform ergeben.

ECKDATEN

Ihr braucht

- Große Tischdecke od. leichter/mittelschwerer Stoff (Berechnung d. Stoffverbrauchs s. u.)
- Bügeleinlage: Länge = Taillenumfang, Breite = 4 cm
- 20 cm langer Kunststoffreißverschluss und Reißverschlussfuß
- 1 Knopf
- Zus. Stoff für den Rockbund bei Verwendung einer Tischdecke: Länge = Bundweite + 5 cm, Breite = 8 cm

Ihr lernt

- Schnittteile zusammensetzen
- Schnitt direkt auf Stoff zeichnen
- Maschinennähtechniken

Körpermaße

- Taillenumfang (oder wo der Rockbund sitzen soll) + 3 cm Nahtzugabe für Reißverschluss
- Taillenumfang / 3,14 (Pi) = euer Durchmesser
- Durchmesser / 2 = euer Radius
- Rocklänge ab Taille + 3,5 cm Naht- und Saumzugabe
- Rock aus einem quadratischen Stoffstück: (Rocklänge ab Taille + 3,5 cm) x 2 + berechneter Durchmesser = Seitenlänge. Je nachdem, wie lang der Rock werden soll, müsst ihr eventuell zwei Stoffstücke zusammennähen, um ein Quadrat zu erhalten

Nahtzugabe

1,5 cm

Schritt 1

Radius berechnen (wie oben unter „Körpermaße“ beschrieben) und notieren. Stoff einmal längs und dann noch einmal quer zusammenfalten. Bei Verwendung einer Tischdecke die Saumkanten zusammenstecken, damit sie nicht verrutschen. Am besten nach jedem Falten die Bruchkante bügeln und am Ende mit Stecknadeln fixieren. Das Maßband an die Spitze (die Mitte des Stoffs) anlegen. Von dort aus mit Schneiderkreide den Radius an beiden Kanten anzeichnen. Auch dazwischen (mitten auf dem Stoff) in gleichmäßigen Abständen den Radius anzeichnen, sodass ein Bogen entsteht. Bei Verwendung von Meterware diesen Prozess mit der Rocklänge wiederholen; dabei wird das Maßband an der Radiusmarkierung angelegt. Nun entlang der markierten Radiuslinie schneiden, sodass ein großes kreisförmiges Loch im Stoff entsteht.

Schritt 2

Reißverschluss einnähen: Stoff einmal aufklappen, sodass er nur noch halbiert liegt. Eine der gebügelten Bruchkanten auswählen. Reißverschluss längs an der Bruchkante und mit dem oberen Ende an der Schnittkante anlegen. Mit einer Stecknadel oder Schneiderkreide etwa 2 cm vor dem unteren Ende des Reißverschlusses eine Markierung setzen. Entlang der Bruchkante bis zu dieser markierten Position schneiden.

Schritt 3

An der Nähmaschine mit Geradstich eine V-Form nähen, beginnend an der Schnittkante, mit etwa 1,5 cm Nahtzugabe, bis hinunter zur Markierung. Nadel im Stoff lassen, Nähfuß anheben und Stoff drehen, um zur anderen Seite der Bruchkante zu nähen. Nach zwei oder drei Stichen weiter Richtung Schnittkante nähen, sodass ein V entsteht.

Schritt 4

Stoff an den Nahtlinien zur linken Seite falten und durch Bügeln fixieren. Oben an der Öffnung den Reißverschluss an die Innenseite legen und feststecken. Dabei sollen die Zähnchen möglichst nah an der Stoffkante liegen. Das gelingt am besten, wenn die rechte Stoffseite oben liegt. So seht ihr, wie es nachher am Rock aussieht. Andere Seite des Reißverschlusses ebenfalls feststecken. An diesem Punkt empfiehlt es sich, den Reißverschluss mit einem groben Heftstich schnell per Hand zu heften, damit die Stecknadeln für den nächsten Schritt aus dem Weg sind. Dieser Heftstich wird später wieder entfernt, deshalb ist die Garnfarbe egal. Eine kontrastfarbene Naht findet ihr später leichter wieder.

Schritt 5

Reißverschlussfuß einsetzen. Vorsichtig bis zur Markierung am Reißverschluss entlangnähen. Nadel im Stoff lassen, Nähfuß anheben und Stoff um 45° drehen. Jetzt vorsichtig, am besten mit dem Handrad, über den Reißverschluss hinweg nähen – vier bis sechs Stiche, bis die Nadel genauso weit vom Reißverschluss entfernt ist wie auf der anderen Seite. Wieder bei versenkter Nadel den Stoff drehen und an der anderen Seite entlang bis nach oben nähen. Jetzt ist der Reißverschluss festgenäht, und ihr könnt die Heftnaht wieder auftrennen.

Schritt 6

Damit euer Rockbund in Form bleibt, näht ihr füßchenbreit eine sogenannte Stütznaht entlang der Schnittkante. Die Stütznaht dient dazu, runde Kanten wie an Bund oder Ausschnitt zu stabilisieren. Das ist einfach ein Geradstich, der das Ausleihern des Stoffs verhindert. Diese Naht wird nicht wieder entfernt, muss also innerhalb der Nahtzugabe bleiben.

Schritt 7

Bund vorbereiten: Die Bundlänge ist der Taillenumfang plus 5 cm. Aus dem für den Bund vorgesehenen Stoff einen 8 cm breiten Streifen dieser Länge zuschneiden. Die Einlage ist genauso lang, aber nur 4 cm breit. Einlage so auf die linke Seite des Bundstoffes bügeln, dass sie wie abgebildet an drei Kanten anliegt.

Schritt 8

Die mit Einlage versehene Kante des Bunds rundherum rechts auf rechts an den Rock stecken.

Schritt 9

Mit einem Geradstich rundherum festnähen. Dann auffalten und die Nahtzugabe zum Bund hin bügeln. Dabei liegt die linke Seite des Rocks oben. Zur Vereinfachung der nächsten Schritte die offene Bundkante rundherum 1,5 cm nach innen einschlagen und bügeln. Dann zur Vorbereitung von Schritt 11 den Bund rechts auf rechts so einschlagen, dass die eben gebügelte Bruchkante auf die Naht trifft, und wieder bügeln. Nun eine Knopfschlinge anfertigen (siehe S. 76).

Inspiration für meinen Tellerrock – ein Tag am Strand mit meiner Mutter in Cornwall. Ihr Rock sieht fast aus wie meiner!

Technik: Schnelle Knopfschlinge

Mit dem ausgeschnittenen Stoffkreis stellen wir eine schnelle Klopfschlinge her. Einen etwa 4 cm breiten und 8–10 cm langen Streifen zuschneiden (wenn der Knopf deutlich größer ist als meiner, eventuell auch länger). Streifen längs in der Mitte falten und bügeln. Dann die Schnittkanten zur Mitte falten und bügeln (A). Nun den Streifen wieder schließen und ein letztes Mal bügeln. Den gefalteten Streifen mittig zusammennähen, sodass alle Lagen erfasst werden (B).

Schritt 10

Bund öffnen. Die Seite mit der Einlage zeigt nach unten. Schlinge so an die rechte Seite des Bunds stecken, dass der Knopf unter Berücksichtigung der 1,5 cm Nahtzugabe durchpassen wird. Die offenen Enden zeigen nach außen.

Schritt 11

Schlinge mit einem Geradstich festnähen. Dabei füßchenbreit nähen, damit diese Naht später nicht sichtbar ist. Für ein sauberes Finish und exakte Ecken jetzt den Bund wieder rechts auf rechts zusammenklappen. Beide Enden feststecken und mit einem Geradstich schließen. Die eingeschlagene Nahtzugabe zeigt dabei nach oben.

Schritt 12

Nahtzugabe an den Ecken schräg abschneiden und den Bund auf rechts wenden. Ecken schön ausformen. Dafür wie gesagt nicht die Schere benutzen, sondern besser ein Essstäbchen! Jetzt den Bund über die gesamte Länge feststecken. Die Nahtzugabe liegt innen.

Schritt 13

Mit Nadel und farblich passendem Garn den Bund mit einem Leiterstich (siehe S. 64) per Hand festnähen.

Schritt 14

Knopf annähen: Probiert den Rock zunächst an, um zu testen, wo der Knopf sitzen muss. Dafür am besten den Rock verkehrt herum anziehen und in den Spiegel schauen. Eine Stecknadel stecken, wo der Knopf angenäht werden muss.

Schritt 15

Stecknadel beim Annähen des Knopfs im Stoff lassen. Das sorgt dafür, dass der Knopf nicht zu eng angenäht wird. Ich nähe außerdem mit doppeltem Faden, damit der Knopf besser hält.

Schritt 16

Vor dem Verknoten den Faden hinter dem Knopf mehrmals um alle Fäden wickeln, sodass ein Steg entsteht. Danach die Nadel durch den Steg stechen, den Faden zweimal um die Nadel wickeln, festhalten und die Nadel herausziehen, um einen Knoten zu machen.

Schritt 17

Zum Abschließen des Rocks an der Unterkante einen schmalen doppelt eingeschlagenen Saum bügeln (es sei denn, ihr verwendet eine bereits gesäumte Tischdecke). Dafür die unverarbeitete Kante rundherum 1 cm nach innen einschlagen, dabei immer wieder feststecken oder bügeln. Dann noch einmal 1 cm einschlagen, um die Schnittkanten zu verbergen.

Schritt 18

Saum gut bügeln oder feststecken und dann mit einem Geradstich festnähen. Jetzt könnt ihr den Rock anziehen und euch freuen, wie schön er sich dreht!

FLEDERMAUS-KLEID

Ich mag den Retro-Stil total! Dieses Kleid passt eigentlich zu jedem Stil. Mit den großen Armlöchern ist es unheimlich bequem, und das Material umspielt den Körper so schön. Außerdem ist das Kleid sehr einfach zu nähen! Man kann es in lang als Kleid oder in kurz als Oberteil nähen (siehe Schritt 8).

Schritt 1

Ich habe mich für einen Druck entschieden, bei dem die vertikale Richtung egal ist. So kann ich den Stoff in der Mitte (an den Schultern) falten, ohne dass das Muster auf einer Seite auf dem Kopf steht. Wenn ihr ein Muster habt, bei dem die Richtung entscheidend ist, müsst ihr zuerst das Vorder- und das Rückenteil entsprechend zusammennähen. Die Naht säße dann auf der Schulter. Prüft, ob die Webkanten genau aufeinanderliegen und steckt alles schön fest. Den Mittelpunkt des gefalteten Stoffes ermitteln (Breite ausmessen und durch 2 teilen) und über die ganze Länge des Stoffes mit Stecknadeln markieren.

Schritt 2

Jetzt das T-Shirt längs zusammenfalten, sodass die Seiten- und Schulternähte aufeinandertreffen, um die Mitte des Shirts zu ermitteln. Ebenfalls über die ganze Länge mit Stecknadeln markieren. Mitte des T-Shirts an die Stoffmitte legen. Die höchste Stelle der Schulternähte liegt an der Bruchkante. Prüft noch einmal, ob das Shirt auch unten mittig liegt: Dafür beidseitig von den Stecknadeln bis zur Webkante messen; der Abstand muss gleich sein. T-Shirt am Stoff feststecken.

ECKDATEN

Ihr braucht

- Ca. 2 m leichter, weich fallender Stoff
- Ca. 25 cm Bügeleinlage für den Kragen
- T-Shirt als Schnittbasis
- Gummiband

Ihr lernt

- Alternative Ausschnittformen
- Schnittteile zusammensetzen
- Schnitt direkt auf Stoff zeichnen
- Maschinennähtechniken
- Kleidungsstück als Schnittbasis

Körpermaße

- Taillenlänge (A)
- Hüfttiefe (B)
- Gesamtlänge + 3 cm Saumzugabe (C)
- Oberarmlänge bis Ellenbogen (D)
- Ellenbogenumfang / 2 + 2,5 cm Naht- und Bequemlichkeitszugabe (E)
- Hüftumfang / 4 + 5 cm Naht- und Bequemlichkeitszugabe (F)
- Taillenumfang minus 5 cm = Gummibandlänge (G)

Nahtzugabe

1,5 cm

Schritt 3

An einer Seite des Shirts das Maßband an der Stoffbruchkante anlegen und nach unten die Taillenlänge (A) abmessen. Mit einer Stecknadel markieren.

Schritt 4

Als Bequemlichkeits- und Nahtzugabe geben wir seitlich 4 cm zu. Diesen Punkt ebenfalls mit einer Stecknadel markieren. Hier beginnt dann der Fledermausärmel.

Schritt 5

Wieder an der Stoffbruchkante vom Schulterpunkt des Shirts aus an der Kante entlang die Oberarmlänge (D) abmessen und mit einer Stecknadel markieren.

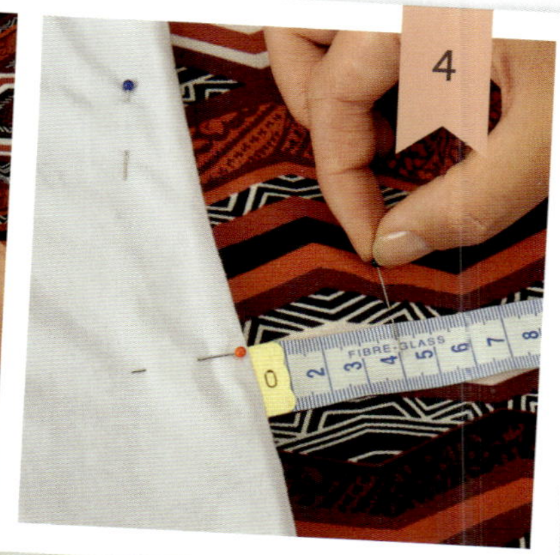

Schritt 6

Von diesem Ellenbogenpunkt aus den halbierten Ellenbogenumfang inkl. Zugabe (E) abmessen und mit einer Stecknadel markieren. Es gibt jetzt zwei Referenzpunkte für den Ärmel: diesen und den an der Taille.

Schritt 7

Mit Schneiderkreide diese zwei Referenzpunkte mit einer flachen Kurve verbinden, entweder freihand oder mit der Schneiderkurve. Die Kurve oben bis zur Webkante verlängern, entweder parallel zum Stoffbruch oder verjüngend. Bedenkt aber, dass an der schmalsten Stelle wenigstens eure Hand und der Unterarm durchpassen müssen.

Schritt 8

Jetzt müsst ihr euch entscheiden, ob ihr ein Kleid oder ein Oberteil nähen wollte. Oberteil: Vom T-Shirt-Saum 4 cm nach unten messen und mit Stecknadeln oder Schneiderkreide markieren, dann bei Schritt 21 fortfahren. Wenn das Oberteil länger sein soll als das T-Shirt, entsprechend mehr zugeben. Kleid: vom Taillen-Referenzpunkt nach unten die Hüfttiefe (B) abmessen und mit einer Stecknadel markieren.

Schritt 9

In diesem Bereich brauchen wir etwas mehr Bequemlichkeitszugabe, da der Hüftumfang in der Regel größer ist als der Brustumfang. Deshalb von der vorderen Mitte aus entlang der Hüftlinie den berechneten Hüftwert (F) anzeichnen. Dann mit dem Wert für die Gesamtlänge (C) die gewünschte Länge des Kleids anzeichnen.

Schritt 10

Von der Taille bis zur Hüfte eine leichte Kurve zeichnen, dann von der Hüfte zur Gesamtlängenmarkierung eine geradere Linie ziehen.

Schritt 11

Entlang dieser Markierungen eine Seite des Kleidungsstücks vorsichtig vom Ärmel zum Saum ausschneiden.

Schritt 12

Vorsichtig das T-Shirt entfernen, aber die Stecknadeln wieder in den darunterliegenden Stoff stecken, damit nichts verrutscht. Ausgeschnittene Seite entlang der Mittellinie umklappen, feststecken und anhand dieser Schablone auch die zweite Seite ausschneiden.

Schritt 13

Für den Ausschnitt die Stoffbruchkante an der Mittenmarkierung etwas einschneiden, dann in jede Richtung etwa 10 cm entlang des Bruchs schneiden.

Schritt 14

An der vorderen Mitte noch etwa 5 cm weiter nach unten einschneiden, an der hinteren Mitte etwa 2,5 cm. So solltet ihr zum Anprobieren den Kopf durchbekommen. Vorher schließen wir aber noch die Seitennähte.

Schritt 15

Mit einem Geradstich beide Seitennähte vom Ärmel bis zum Saum schließen. Nahtzugaben mit Zickzackstich oder Overlockmaschine versäubern.

Schritt 16

Kleid/Oberteil vor dem Spiegel anprobieren (der kürzere Einschnitt ist hinten) und ggf. die Ausschnitttiefe anpassen. Wieder ausziehen und von der vorderen Mitte zum Schulterpunkt und dann weiter zur hinteren Mitte eine Kurve schneiden. Das herausgeschnittene Teil aufheben und als Schablone für die andere Seite des Ausschnitts verwenden: Feststecken und dann ringsherum ausschneiden. Damit der Ausschnitt nicht ausleiert, mit einem Geradstich füßchenbreit rundherum nähen. Das wird als Stütznaht bezeichnet.

Schritt 17

Zum Zuschneiden des Rollkragens müsst ihr den Innenumfang des Ausschnitts grob ausmessen. Gebt dann zur Sicherheit und als Nahtzugabe noch 5 cm hinzu. Einen Stoffstreifen in dieser Länge und mit einer Breite von mindestens 13 cm zuschneiden. Wenn der Kragen etwas Stand haben soll, verstärkt die linke Stoffseite mit Bügeleinlage: Sie muss die gleiche Länge und die Hälfte der Breite des Stoffstreifens haben (ich habe das nicht gemacht, weil mein Kragen locker fallen sollte). Kragen rechts auf rechts mit offenen Enden feststecken. Wie schon beim verkehrten Hemd (S. 62) müsst ihr auch hier wieder die Position der Kragennaht markieren und dann die Enden mit einem Geradstich zusammennähen.

Schritt 18

Kragen mit einem Geradstich und 1,5 cm Nahtzugabe festnähen.

Schritt 19

Das offene Kragenende 1,5 cm einschlagen und bügeln, dann diese Bruchkante auf die zuvor genähte Naht falten, bügeln und feststecken.

Schritt 20

Per Hand mit einem Leiterstich festnähen. Alternativ im vorherigen Schritt die Nahtlinie um etwa 2 mm überdecken, dann mit der Maschine „im Nahtschatten“ festnähen. Dabei kann die linke (wie abgebildet) oder die rechte Seite oben liegen. Wenn ihr auf der rechten Seite näht, müsst ihr ganz langsam nähen, damit der Kragen auf der anderen Seite auch wirklich mit gefasst wird. Näht in der Nahtfalte zwischen Oberteil und Kragen, damit die Naht beinahe unsichtbar wird, aber die Saumkante an der Rückseite mit festgenäht wird.

Schritt 21

Jetzt fehlen nur noch der untere Saum und die Ärmelsäume. Überall einen 1,5 cm breiten doppelt eingeschlagenen Saum bügeln und feststecken. Mit 1 cm Nahtzugabe festnähen.

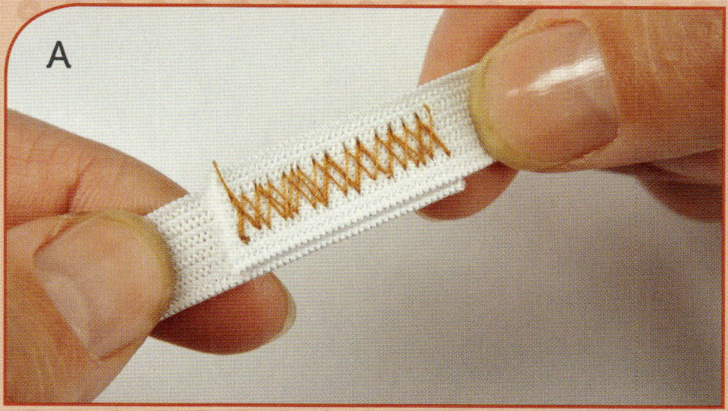
A

Technik: Taillierung mit Gummiband

Wenn ihr das Kleid genäht habt und es gern etwas figurbetonter hättet, könnt ihr wie ich einen schmalen Gürtel dazu tragen, euch selbst einen Stoffgürtel nähen (mit einem Stoffstreifen von mind. 2 m Länge und 15 cm Breite, siehe Anleitung zum Kimonogürtel auf S. 94) oder aber auf Höhe der Taille ein Gummiband einnähen.

Die Länge des Gummibands entspricht dem Taillenumfang abzüglich 5 cm. Die beiden Enden überlappend mit einem Zickzackstich zusammennähen. Am besten einmal vorwärts und dann noch einmal rückwärts nähen (A). Mit einem wasserlöslichen Stift das Gummiband in vier gleiche Teile unterteilen. Dafür die zwei gefalteten Enden markieren, dann diese zusammenführen und die zwei neuen gefalteten Enden markieren (B).

Um die Position des Gummibands zu bestimmen, probiert das auf links gedrehte Kleid vor dem Spiegel an. Das Gummiband dann umlegen und so lange probieren, bis euch die Wirkung gefällt. Dann das Gummiband an einer der Seitennähte feststecken und das Kleid ausziehen. Abstand zwischen Saum und Gummiband an der Seitennaht ausmessen und auf die andere Seite übertragen. Seitennähte zusammenbringen und wie beim Gummiband die Bruchkante markieren, um vier gleiche Abstände zu markieren. Überprüfen, ob der zuvor gemessene Abstand zwischen Saum und Gummiband auch an der vorderen und hinteren Mitte stimmt.

Nun die vier markierten Punkte am Gummiband an die entsprechenden markierten Punkte am Kleid stecken. Gummiband mit einem Zickzackstich festnähen: An einer Seitennaht die Nadel im Stoff versenken, Stoff und Gummiband zusammen am nächsten Markierungspunkt festhalten und ziehen, bis das Gummiband die gleiche Länge hat wie der Stoff. Diese Spannung halten und bis zur Stecknadel nähen (C). So rundherum weiter fortfahren. Am Ende zum Verriegeln noch 2 cm über den Nahtbeginn nähen. Und fertig!

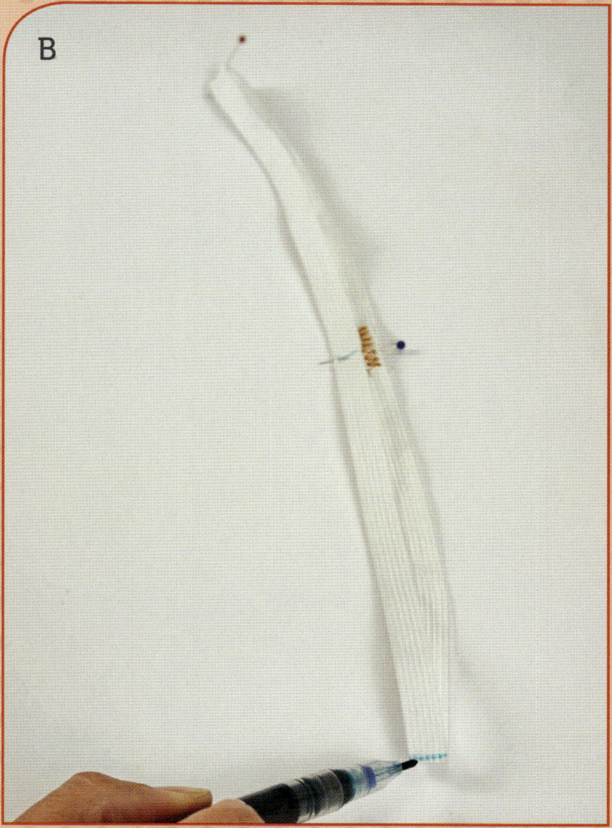
B

D

C

Technik: Alternative Ausschnittformen

Wenn ihr den Ausschnitt mit einem Beleg verseht, ist im Grunde jede beliebige Ausschnittform möglich. Hier zeige ich einen Rundhalsausschnitt mit einem V-förmigen Schlitz. Nach dem Ausschneiden der Ausschnittform (A) muss der Beleg zugeschnitten werden. Dieser muss größer sein als der direkte Ausschnittbereich und mit Bügeleinlage verstärkt werden. Ich habe die äußere Kante mit der Overlock versäubert. Die Ausschnittform ist die gleiche wie beim Oberstoff. Beleg rechts auf rechts feststecken (B). Rundherum um den Ausschnitt nähen, dann die Nahtzugabe in allen Kurven und Ecken einschneiden (C). Ausschnitt wenden, Ecken ausformen und bügeln (D). Zum Abschluss rundherum absteppen (E).

KIMONO-KLEID

Zum ersten Mal habe ich dieses Kleid für einen Auftritt mit meiner Band Snooty Bobs genäht. Ihr kennt das: ein ganzer Schrank voller Klamotten und nichts zum Anziehen! Das Kleid ähnelt einem japanischen Kimono und sieht super aus, ist aber sehr schnell genäht. Die Grundform ist ein Rechteck, das mit einem Obi-ähnlichen Gürtel in Form gebracht wird.

ECKDATEN

Ihr braucht

- 1–2 m leichter bis mittelschwerer Stoff mit einem schönen Fall
- 25 cm Bügeleinlage

Ihr lernt

- Schnittteile zusammensetzen
- Schnitt direkt auf Stoff zeichnen
- Maschinennähtechniken

Körpermaße

- Schulterabstand + ca. 20 cm (dieses Maß muss mehr als 10 cm größer sein als die Hälfte eures größten Maßes – Brust-, Hüft- oder Taillenumfang) + 5 cm Nahtzugabe (A)
- Gesamtlänge + 5 cm Naht- und Saumzugabe (B)
- Taillenlänge = Gürtelposition (C)
- Achseltiefe = Armlochmaß

Nahtzugabe

- Variable Nahtzugabe

Schritt 1

Zwei Stoffstücke zuschneiden: Die Breite entspricht dem Schulterabstandswert A, die Länge dem Gesamtlängenwert B. Diese Stoffstücke an einer kurzen Seite rechts auf rechts zusammenstecken – das ist später oben. Mit einem Geradstich und einer großen Nahtzugabe von ca. 2,5 cm von einer Seite aus ca. 20 cm weit nähen. Verriegeln am Anfang und Ende nicht vergessen! Das Gleiche an der anderen Seite wiederholen. So entstehen die zwei Schulternähte. Der verbleibende Ausschnitt sollte groß genug für euren Kopf sein. Anprobieren und den Sitz prüfen. Eventuell nötige Anpassungen mit Stecknadeln markieren und aufpassen, dass die Schulternähte anschließend wieder gleich lang sind.

GUTER TIPP!

Der U-Boot-Ausschnitt ist hier sehr hoch. Wenn er euch zu nah am Hals liegt, könnt ihr auch einen größeren Ausschnitt nähen (siehe z. B. verkehrtes Hemd und Fledermauskleid).

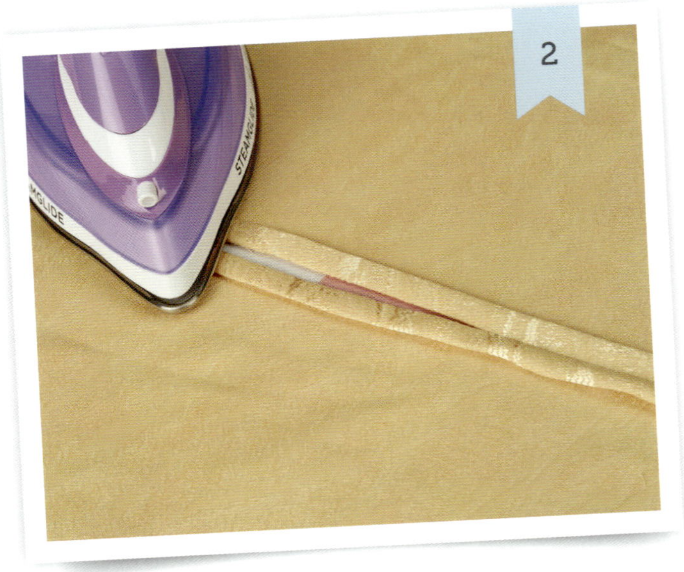

Schritt 2

Von der linken Seite aus die Nahtzugaben auseinanderbügeln und noch einmal nach innen einschlagen, wieder bügeln und feststecken. Wenn ihr den Ausschnitt auch nur leicht vergrößert habt, muss die Nahtzugabe an der Kurve eingeschnitten werden, damit der Ausschnitt flach anliegt. Aber bitte nur 1 cm tief, damit im Saum dann keine Schnitte zu sehen sind.

Schritt 3

Saum mit einem Geradstich festnähen. Damit werden die Schulternähte und der Ausschnitt versäubert. Ich habe hier zur Verdeutlichung kontrastfarbenes Garn verwendet. Am besten den Nähfuß an der Nahtlinie anlegen, um eine schöne gerade Naht zu erhalten.

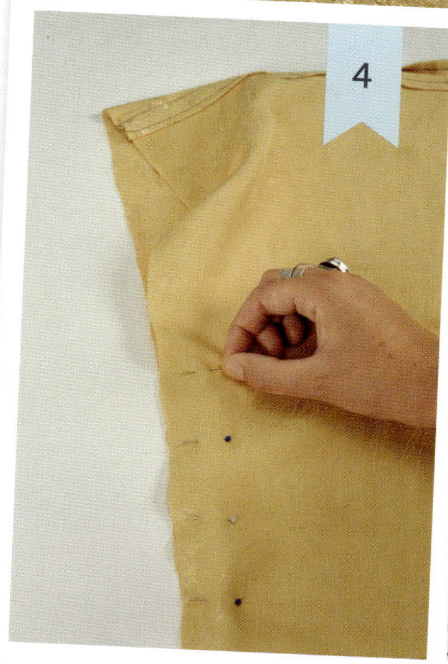

Schritt 4

Jetzt werden die Seitennähte geschlossen. Dafür das Kleid überziehen, die gewünschte Armlochposition bestimmen und feststecken, oder einfach von oben die Achseltiefe abmessen und mit einer Stecknadel markieren. Seitennähte von der Armlochpositionen bis hinunter zur Saumkante feststecken und mit 2,5 cm Nahtzugabe schließen.

Schritt 5

Auch hier wieder die Nahtzugaben auseinanderbügeln. Am Armloch den Stoff 2,5 cm einschlagen und bügeln.

Schritt 6

Wie in Schritt 2 entlang der gesamten Seitennaht und rund um das Armloch einen doppelt eingeschlagenen Saum bügeln. Feststecken, falls nötig.

7

Schritt 7

Saum mit einem Geradstich festnähen. Dafür den Nähfuß wieder an der Kante entlangführen. Zur zusätzlichen Sicherung am Armloch und am Ausschnitt nah an der Öffnung eine Stütznaht zwischen die zwei parallelen Nahtlinien setzen. Dabei ein paar Mal vor und zurück nähen. Nun wie unten beschrieben den Gürtel herstellen.

A

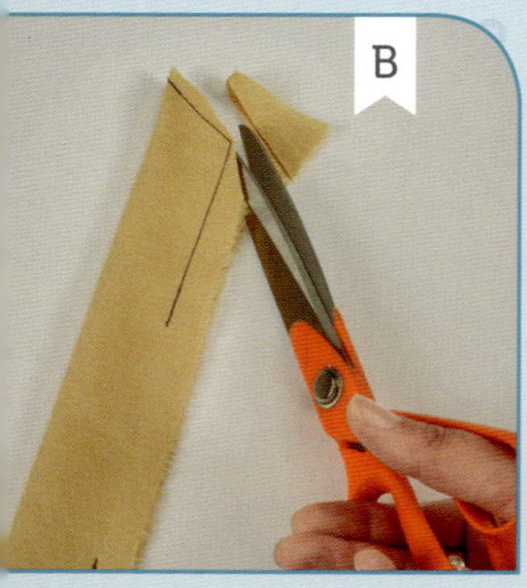
B

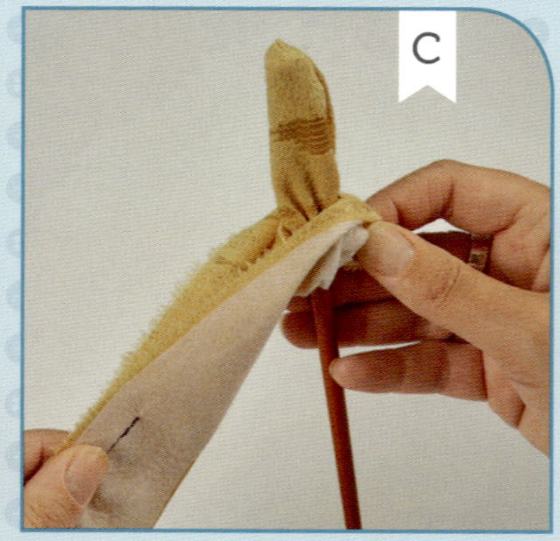
C

D

Technik: Gürtel nähen

Für den Gürtel im Obi-Stil braucht ihr einen Stoffstreifen, der etwa doppelt so lang ist wie euer Taillenumfang und 10–15 cm breit, je nachdem, wie breit der Gürtel werden soll. Außerdem braucht ihr einen Streifen Bügeleinlage in der gleichen Länge, aber nur der halben Breite. Einlage auf die linke Seite des Gürtels bügeln (A).

Gürtel rechts auf rechts zusammenfalten, sodass alle Kanten aufeinanderliegen, und feststecken. An einem Ende am Stoffbruch beginnend mit einem Geradstich in Richtung der Ecke nähen (wer mag, kann schräg nähen, um ein abgeschrägtes Ende zu erhalten). Nadel versenkt lassen, Stoff drehen und etwa 10 cm weiternähen, dann verriegeln. Das Gleiche am anderen Ende wiederholen, dieses Mal aber 10 cm vor dem Ende der vorherigen Naht stoppen und verriegeln. So wird eine Wendeöffnung gelassen. Ecken schräg abschneiden (B), Gürtel wenden und Ecken schön ausformen (C).

Um dem Gürtel etwas mehr Struktur zu verleihen und die Wendeöffnung zu schließen, den ganzen Gürtel rundherum absteppen (D). Am Ende noch etwas über den Nahtanfang hinwegnähen und dann verriegeln. Mit einer Handnähnadel die Fadenenden in den Gürtel ziehen.

Wenn ihr besonders nah an der Kante absteppen wollt, verstellt ihr die Nadelposition bei eingestelltem Geradstich so weit wie möglich in Richtung Stoffkante. Dann müsst ihr nur noch die Stoffkante exakt an der Nähfußkante entlangführen und erhaltet eine schöne gerade, knappkantige Naht. Vergesst nicht, danach die Nadelposition wieder zurückzustellen, sonst stimmen in den nächsten Schritten die Nahtzugaben nicht mehr.

Schritt 8

Mitte des Gürtels bestimmen und mit einer Stecknadel markieren. Kleid längs zusammenfalten (Seitennähte treffen aufeinander), um ebenfalls die Mitte zu bestimmen. Am Rücken die Mitte mit einer Stecknadel markieren. Von der Schulter aus an der hinteren Mitte und an den Seitennähten die Taillenlänge (C) markieren. An diese gedachte Querlinie zwischen den drei Markierungen den Gürtel legen, dabei trifft dessen Mittenmarkierung auf die hintere Mitte des Kleids. Gürtel feststecken.

Schritt 9

Gürtel mit einem Geradstich an der Rückseite des Kleids festnähen. Dabei am besten genau auf der Steppnaht des Gürtels nähen. Wenn ihr an der Seite anlangt, die Nadel genau auf Höhe der Seitennaht versenken, Stoff drehen und der Seitennaht folgend zur gegenüberliegenden Steppnaht auf dem Gürtel nähen. Entlang dieser Steppnaht wieder zurück nähen und an der anderen Seitennaht genauso verfahren. An der Rückseite könnt ihr gut erkennen, wo ihr zu nähen angefangen habt.

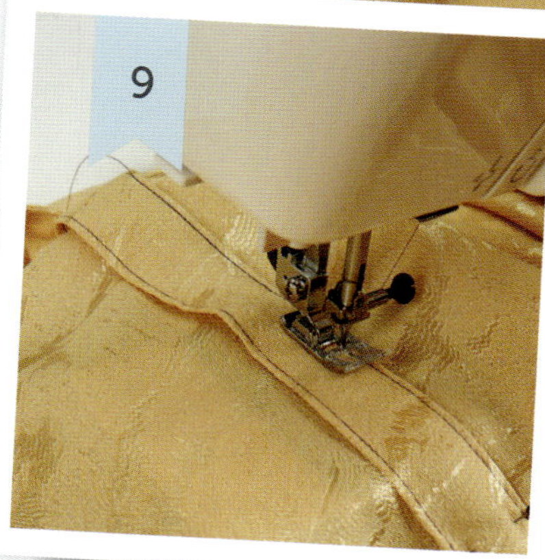

Schritt 10

Am Ende noch ein Stück über den Nahtbeginn nähen und dann verriegeln. Jetzt muss das Kleid nur noch gesäumt werden! Dafür rundherum die Saumkante 1,5 cm einschlagen, bügeln und dann noch einmal 1,5 cm einschlagen und bügeln. Mit einem Geradstich festnähen.

KREUZ-TOP

Als ich noch im Büro gearbeitet habe, wurden mir die immer gleichen Blusen und Oberteile schnell langweilig. Ich wollte etwas, das zwar bürotauglich ist, aber auch meinen individuellen Stil ausdrückt. Entschieden habe ich mich für dieses Top mit überkreuztem Rücken. Von vorn sieht es ganz unauffällig aus, von hinten dafür umso ungewöhnlicher. An diesem Schnitt mag ich besonders, dass er sich so vielfältig abwandeln lässt. Aus Viskose oder Seide entsteht damit ein schönes Top für den Abend, aus Jersey ein schickes Sport- oder Freizeitoberteil. Die Kreuzung kann auch vorn getragen und in der Tiefe verändert werden.

ECKDATEN

Ihr braucht

- 1–1,5 m leichte Baumwolle oder Viskose
- Schnittmusterpapier oder Zeitung
- T-Shirt oder Top als Schnittbasis

Ihr lernt

- Schnitt abändern
- Schnittteile zusammensetzen
- Maschinennähtechniken
- Kleidungsstück als Schnittbasis

Nahtzugabe

1,5 cm

Schritt 1

Das als Basis verwendete Oberteil längs in der Mitte falten, sodass die Seiten-, Arm- und Schulternähte aufeinandertreffen. Mit Stecknadeln feststecken. Oberteil auf das Papier legen, sodass die Bruchkante an einer geraden Papierkante liegt. Das ist die vordere Mittel des Schnitts. Feststecken und Kontur nachzeichnen. Falls ihr ein T-Shirt verwendet, müsst ihr die Ärmel nicht mit nachzeichnen. Dann das Oberteil wieder abnehmen.

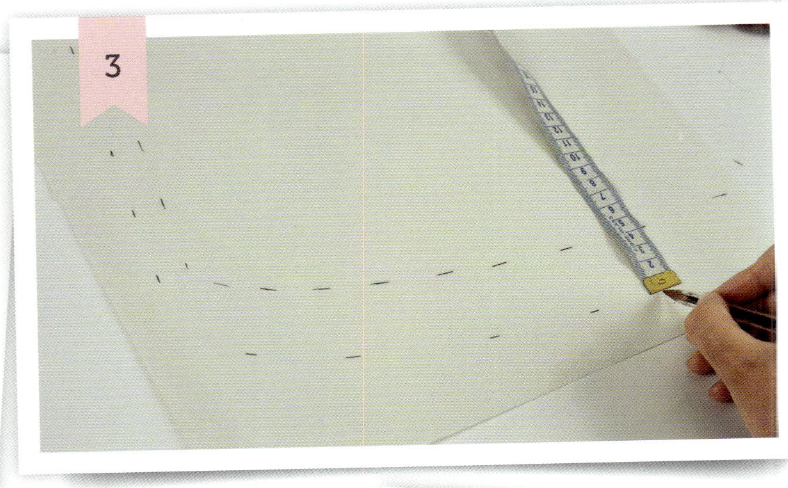

Schritt 2

Da das Schnittteil am Stoffbruch angelegt wird, muss an der vorderen Mitte keine Nahtzugabe hinzugefügt werden. An allen anderen Kanten mit Ausnahme der Unterkante 1,5 cm Nahtzugabe einzeichnen.

Schritt 3

An der Unterkante 3–4 cm Saumzugabe einzeichnen.

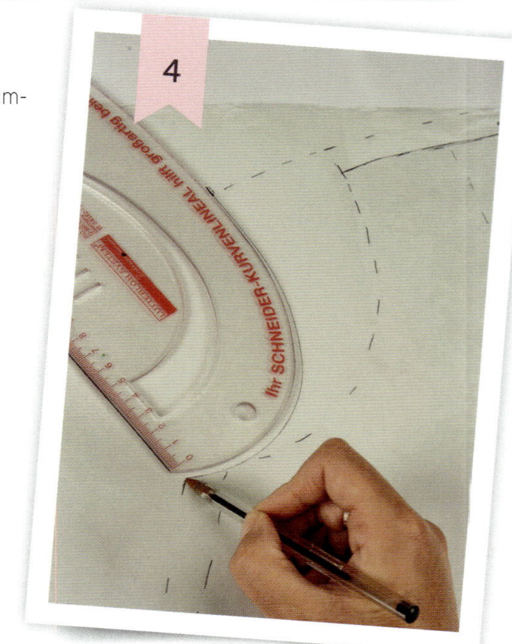

Schritt 4

An diesem Punkt könnt ihr die Form ganz nach Belieben verändern. Ich habe zum Beispiel die Schulter verbreitert und aus dem V-Ausschnitt einen Rundhalsausschnitt gemacht. Dafür habe ich mein Oberteil angezogen und von den Trägern ausgehend nachgemessen, wo der neue Ausschnitt sitzen soll. Außerdem wollte ich leicht überschnittene Ärmel. Dafür habe ich die Schulternaht verlängert und das Armloch mit der Schneiderkurve neu gezeichnet.

Schritt 5

Ein anderes Stück Papier in der Mitte falten. Vordere Mitte an den Falz anlegen und Kontur nachzeichnen. Dafür eventuell feststecken.

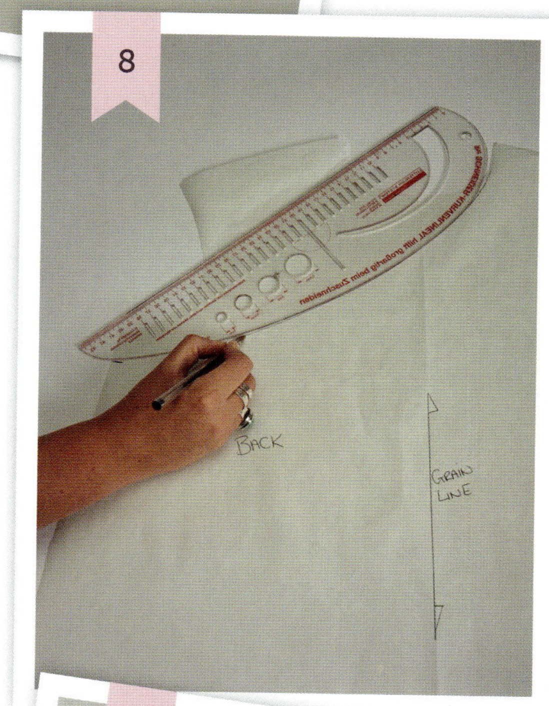

Schritt 6

Schnittteil für die Vorderseite entfernen, Rückenteil ausschneiden und aufklappen. Jetzt die Teile am besten beschriften. Am Rückenteil ist der Falz jetzt der Fadenlauf. Diese Linie nachziehen, damit sie besser sichtbar ist. Auf dem Vorderteil notieren, dass es im Bruch zugeschnitten werden muss.

Schritt 7

Um die überkreuzte Form am Rücken zu zeichnen, müssen zunächst an der linken Seitennaht zwei Punkte markiert werden: 3 cm unter dem Armloch (Punkt A) und 13 cm unter dem Armloch (Punkt B).

Schritt 8

Von der rechten Seite des Ausschnitts nun eine flache Kurve zu Punkt A ziehen.

Schritt 9

Dann von Punkt B eine Kurve zur rechten unteren Ecke ziehen. Papier wieder in der Mitte falten und die Punkte A und B an der anderen Seitennaht markieren. Hier wird der Stoff später eingeknipst. Anschließend das Schnittteil für die Rückseite ausscheiden. Nahtzugaben müssen hier nicht mehr hinzugefügt werden, weil wir das schon beim Vorderteil gemacht haben.

Schritt 10

Nun die Schnittteile auf den Stoff legen. Nicht vergessen: Die vordere Mitte muss an den Stoffbruch angelegt werden, und das Rückenteil wird in doppelter Stofflage (bzw. einmal normal und einmal gespiegelt) zugeschnitten. Dabei unbedingt auf den Fadenlauf achten: Mit dem Maßband könnt ihr prüfen, ob die entsprechende Linie auf dem Schnittteil genau parallel zur Webkante verläuft. Wenn das Rückenteil nicht auf den gefalteten Stoff passt, müsst ihr erst die eine Seite zuschneiden, dann das Schnittteil umdrehen und das zweite Teil gespiegelt zuschneiden – wir brauchen ja eines für jede Seite. Bedenkt auch, dass bei gemusterten Stoffen der Stoffverbrauch höher ist. Wenn der Fadenlauf stimmt und das Vorderteil im Bruch liegt, die Schnittteile feststecken.

Schritt 11

Stoffteile zuschneiden. Vor dem Entfernen der Papierteile die Markierungen an der Seitennaht mit kleinen Einschnitten übertragen. Diese Einschnitte müssen kürzer sein als unsere Nahtzugabe von 1,5 cm.

Schritt 12

Rückenteile rechts auf rechts auf das Vorderteil legen, Schulternähte zusammenstecken und beide mit einem Geradstich schließen. Naht bügeln und Nahtzugaben versäubern.

Schritt 13

Besonders, wenn ihr den Ausschnitt des Originaloberteils abgewandelt habt, solltet ihr das Top jetzt vielleicht anprobieren, um zu schauen, ob euch der Ausschnitt so gefällt. Tipps zum Anpassen des Ausschnitts findet ihr beim verkehrten Hemd (S. 58). Vor dem nächsten Schritt wird der Ausschnitt noch mit einer Stütznaht versehen. Die Naht muss recht nah an der Schnittkante liegen (ca. 5 mm Nahtzugabe), damit sie später nicht mehr sichtbar ist.

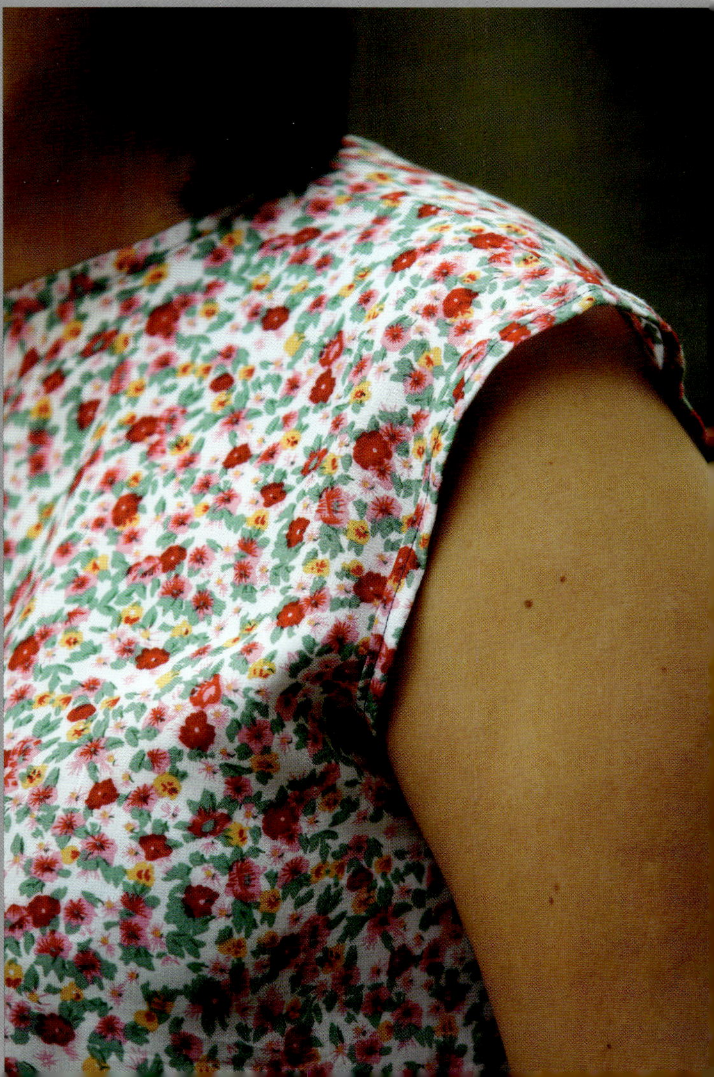

Schritt 14

Bevor die Seitennähte geschlossen werden können, müssen das Schrägband angenäht und der Saum fertiggestellt werden. Es sollte genug Stoff übrig sein, um eigenes Schrägband herzustellen. Schneidet dafür 3,5–4 cm breite Streifen zu. Die Anleitung zur Schrägbandherstellung findet ihr auf S. 61. Mit speziellen Schrägbandformern (siehe Foto) geht es besonders schnell.

Schritt 15

Oben an der kurzen Seite eines der Rückenteile (Punkt A) beginnend das Schrägband rechts auf links an die gesamte Kante stecken, um den ganzen Ausschnitt bis zur kurzen Kante des anderen Rückenteils. Dabei darf das Schrägband nicht gedehnt werden.

Schritt 16

Mit einem Geradstich im Falz festnähen.

Schritt 17

Top mit der schönen Seite nach oben hinlegen und Schrägband zur Stoffkante hin bügeln. Dabei darauf achten, die anderen Falze nicht wegzubügeln. Den nächsten Schritt finde ich auf dem Bügelbrett viel einfacher als auf dem Tisch: An einem Ende beginnend das Schrägband über die Kante falten, sodass es auf der rechten Stoffseite ganz knapp die eben genähte Naht bedeckt. Feststecken und die gesamte Kante so einfassen.

Schritt 18

Einfassung mit einem Geradstich ca. 3 mm von der Schrägbandkante entfernt festnähen

Schritt 19

Für den Saum die gesamte Unterkante an einer Seite beginnend bis zum anderen Ende 1,5 cm einschlagen und bügeln. Dann noch einmal 1,5 cm einschlagen und bügeln. Wer hier gründlich bügelt, braucht gar nicht unbedingt zu stecken. Mit einem Geradstich festnähen.

Schritt 20

Jetzt können die Seitennähte zusammengesteckt werden. Das Top ist auf links gedreht, die rechte Stoffseite liegt innen. Seitennähte zusammenstecken und auch die kurzen Seiten der Rückenteile nicht vergessen. Vor dem Nähen noch einmal prüfen, ob alles an der richtigen Stelle sitzt. Am Saum beginnend bis zum Armloch nähen und verriegeln.

Schritt 21

Die zweite Seite ebenso mit einem Geradstich nähen. Nähte bügeln und Nahtzugaben versäubern.

Schritt 22

Jetzt müssen nur noch die Armlöcher versäubert werden. Dafür benutzen wir auch wieder das Schrägband, denn das geht schön schnell. Mit dem Maßband den Umfang des Armlochs grob ausmessen und zur Sicherheit und als Nahtzugabe etwa 6 cm zugeben. Mit derselben Technik wie beim verkehrten Hemd (Seite 62) das Schrägband feststecken, aber am Anfang und Ende jeweils 3 cm freilassen. Band auf Höhe der Seitennaht zusammenstecken. Mit einem Geradstich das Schrägband ebenfalls festnähen und auch hier die 3 cm am Anfang und Ende freilassen. Jetzt die Schrägbandenden an der Markierung zusammennähen, aber noch nicht am Armloch festnähen. Nahtzugaben zurückschneiden, dann die Armlochnaht im Falz zum Kreis schließen, dabei über die auseinandergelegten Nahtzugaben hinwegnähen. Danach das Schrägband genauso bügeln und um die Kante legen wie beim Ausschnitt und dann absteppen. Gut gemacht!

SOMMER-TOP

Der Sommer ist meine liebste Jahreszeit, und die meisten Klamotten, die ich nähe, lassen an die warmen Monate denken: sei es durch helle, farbenfrohe Drucke oder leichte, fließende Stoffe. Mich zieht es einfach zur Sonne! Dieses Top ist oben figurbetont und fällt nach unten hin locker. Interessante Details sind die Kellerfalte und die Passe.

ECKDATEN

Ihr braucht

- 1–1,5 m Stoff
- 50 cm Bügeleinlage
- Gummiband
- Schnittmusterpapier oder Zeitung
- Knöpfe (optional)

Ihr lernt

- Passform anpassen (Grundlagen)
- Schnittteile zusammensetzen
- Schnitt direkt auf Stoff zeichnen
- Handnähtechniken
- Maschinennähtechniken

Körpermaße

- Hüftumfang + 10 cm Bequemlichkeits- und Nahtzugabe (A)
- Gesamtlänge minus Achseltiefe + 5 cm Naht- und Saumzugabe (B)
- Achselweite + 3 cm Nahtzugabe (C)
- Überbrustumfang minus Achselweite minus ca. 5 cm = Gummibandlänge (D)
- Achseltiefe + 2 cm Nahtzugabe (E)
- Trägerbreite (z. B. 5 cm) + 3 cm Nahtzugabe (F)

Nahtzugabe

1,5 cm

Schritt 1

Rechteckiges Stoffstück zuschneiden: Breite = Hüftwert A, Höhe = Längenwert B. Stoffstück rechts auf rechts in der Mitte falten, sodass alle Schnittkanten aufeinanderliegen. Am oberen Ende der Bruchkante einknipsen – das ist die vordere Mitte. Bruchkante bügeln. Bevor ihr den Stoff wieder öffnet, 3,5 cm von der vorderen Mitte entfernt mit Geradstich 5 cm gerade nach unten nähen – das ist die Kellerfalte.

GUTER TIPP!

So näht sich die Kellerfalte noch einfacher: Die größtmögliche Stichlänge einstellen (Heftstich). Wie in Schritt 1 angegeben gerade nach unten nähen, jedoch über die ganze Länge des Stoffs. Die Kellerfalte wie angegeben nähen, aber ganz am Ende, wenn das Top fertig ist, diese Heftstiche wieder entfernen, sodass oben nur die dauerhafte Naht bleibt.

Schritt 2

Stoff aufklappen, Knips für die vordere Mitte an die eben genähte Naht legen und feststecken. Links und rechts von der Naht liegen jetzt zwei gleich breite Stofffalten. Das nennt man Kellerfalte. Kellerfalte oben an der Schnittkante und über die ganze Länge nach unten bügeln.

Schritt 3

Zur Stabilisierung der Kellerfalte mit Geradstich über die gefalteten Stofflagen nähen. Dabei füßchenbreit nähen, damit die Naht später nicht mehr sichtbar ist.

Schritt 4

Wert für die Achselweite (C) durch 2 teilen. Diesen halben Wert von der vorderen Mitte (der Kellerfaltenöffnung) aus entlang der Schnittkante abmessen und mit Schneiderkreide, wasserlöslichem Stift oder einem kleinen Knips markieren. Auf der anderen Seite wiederholen.

Schritt 5

Hintere Naht schließen: Seitenkanten rechts auf rechts stecken und zusammennähen. Nahtzugaben auseinanderbügeln und versäubern.

Schritt 6

Gummiband entsprechend Wert D zuschneiden. Zur gleichmäßigen Verteilung brauchen wir drei Referenzpunkte. Am Top gibt es bereits drei: die zwei Markierungen oder Knipse für die Achselweite und die hintere Naht. Gummiband in der Mitte falten und Bruchkante mit Stift oder Stecknadel markieren.

Schritt 7

Diese Mittenmarkierung liegt später an der hinteren Naht. Die Enden des Gummibands überragen die Markierungen/Knipse für die Achselweite um ca. 1 cm. Nur(!) an diesen Referenzpunkten das Gummiband an der oberen Kante an die rechte Stoffseite stecken.

Schritt 8

An der Nähmaschine einen Zickzackstich einstellen. Der dreigeteilte Zickzack eignet sich am besten, aber ein normaler funktioniert auch. An einer Achselmarkierung beginnend die Nadel im Stoff versenken, dann am Gummiband ziehen, bis es die gleiche Länge wie der Stoff hat. Diese Spannung halten und auf dem Gummiband bis zur hinteren Naht nähen. Nadel im Stoff lassen und dann den zweiten Teil der Naht ebenso nähen.

Schritt 9

Gummiband verstecken: Gummiband nach hinten klappen und feststecken. Mit dem gleichen Zickzackstich festnähen. Dabei wieder genauso dehnen, aber diesmal darauf achten, dass die Naht die Kante des Gummibands und die Stoffkante umschließt, sodass die Schnittkante gleich mit versäubert wird.

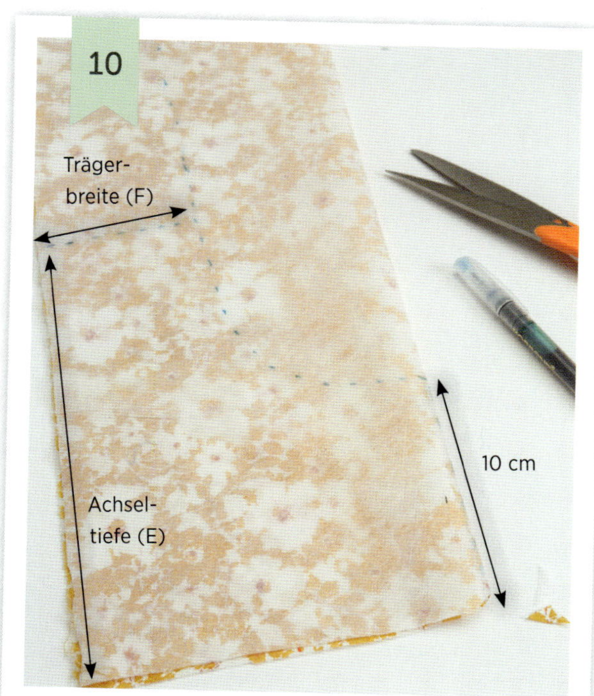

Schritt 10

Passe vorbereiten: Zwei rechteckige Stoffstücke und ein Stück Bügeleinlage in der gleichen Größe zuschneiden: Breite = Achselweite C, Höhe = ca. 50 cm. Das sind die Passenteile. Ein Passenteil auf der linken Seite mit Bügeleinlage verstärken. Längs in der Mitte falten und mit einem kleinen Knips an der Stoffkante die vordere Mitte markieren. Von diesem Punkt aus ca. 10 cm entlang der Bruchkante abmessen. Das ist der tiefste Punkt des Ausschnitts. Er kann nach Belieben auch höher oder tiefer gesetzt werden. Achseltiefenwert E mit wasserlöslichem Stift links an der offenen Kante des gefalteten Stoffes anzeichnen. Von diesem Punkt aus den Trägerbreitenwert F anzeichnen. Wert F bis zur Oberkante des Stoffs mehrmals anzeichnen und mit einer geraden Linie verbinden. Vom Schulterpunkt nach unten eine Kurve zum tiefsten Ausschnittpunkt am Stoffbruch zeichnen. Diese Form hat später der Ausschnitt an der Passe.

Schritt 11

Bei noch immer gefaltetem Stoff entlang der Markierungen schneiden. Das abgeschnittene Stück als Schablone verwenden, um das zweite Passenteil ebenso zuzuschneiden.

Schritt 12

Die zwei Passenteile rechts auf rechts exakt aufeinanderlegen. Entlang der U-Form der Passe stecken und mit einem Geradstich entlangnähen. Damit der Ausschnitt später schön glatt anliegt, die Nahtzugaben in der Kurve einschneiden (nicht in die Naht schneiden!).

Schritt 13

Um die Ausschnittform zu stabilisieren und damit die Rückseite nicht nach vorn klappt, muss die Nahtzugabe am Beleg festgenäht (untergesteppt) werden. Dafür werden die Nahtzugaben zum Beleg hin gebügelt – das ist die nicht verstärkte Rückseite. Dann mit einem Geradstich ganz knapp (ca. 3 mm) neben der bereits vorhandenen Naht nähen: An einem Schulterpunkt beginnend Nahtzugaben und Passenbeleg bis zum anderen Schulterpunkt zusammennähen. Wenn die Passe wieder auf rechts gedreht wird, sollte diese Naht nicht sichtbar sein. Es ist also nicht schlimm, wenn sie nicht perfekt gerade wird.

Schritt 14

Passe annähen: Vorderes (verstärktes) Passenteil rechts auf rechts an das Top stecken (die Knipse für die vordere Mitte treffen aufeinander).

Schritt 15

Mit einem Geradstich festnähen: Ab jetzt nähen wir mit 2 cm Nahtzugabe. Um diesen Schritt etwas einfacher zu machen, jeweils 1 cm neben dem umsäumten Gummiband die Nahtzugabe einschneiden, damit die Stoffkante schön flach liegt. Die Naht 1,5 cm neben der Seitenkante der Passe beginnen und 1,5 cm vor der anderen Seitenkante enden lassen, denn das wird später noch eingeschlagen. Verriegeln nicht vergessen!

Schritt 16

Nahtzugabe zurückschneiden und zur Passe hin bügeln.

Schritt 17

Noch am Bügelbrett vor und hinter der Naht die Ecken schräg abschneiden.

Schritt 18

Die offen gelassenen 1,5 cm entlang der Seitenkanten des verstärkten Passenteils zur linken Seite bügeln.

Schritt 19

Am Beleg wiederholen: 1,5 cm entlang der Seitenkanten zur linken Seite bügeln, damit nach den nächsten Schritten dort keine Schnittkanten mehr zu sehen sind.

Schritt 20

Unterkante des Passenbelegs genauso einschlagen und bügeln.

Schritt 21

Ecken ebenfalls wie zuvor schräg abschneiden.

Schritt 22

Passenteile zusammenstecken, sodass die Kanten aufeinandertreffen. Eingeschlagene Kanten mit einem Leiterstich verbinden oder (was schneller geht) mit der Nähmaschine knappkantig absteppen.

Schritt 23

Beim Annähen der Träger sollte euch am besten jemand helfen. Alternativ geht es auch an einer Schneiderpuppe. Diese sollte einen gut passenden BH von euch tragen, damit ihr die Träger so positionieren könnt, dass die BH-Träger nicht sichtbar sind. Top anziehen und Träger an der gewünschten Stelle feststecken.

Schritt 24

Träger an der Innenseite des Tops mit zwei Nähten (Geradstich) befestigen. Die eine Naht sitzt knapp an der Kante, die andere unter dem Gummiband. Danach die Trägerenden bis auf 2 cm zurückschneiden und die Schnittkanten versäubern.

Schritt 25

Um dem Top eine noch interessantere Form zu verleihen, wird die Saumkante abgerundet. Das geschieht an den Seitenkanten mit der Schneiderkurve oder einem großen runden Teller. Darauf achten, dass dabei vordere Mitte und hintere Naht aufeinanderliegen, und die Seitenkanten bügeln, um eine scharfe Bruchkante zu erhalten. Dann mit der Schneiderkurve von der unteren Kante aus eine flache Kurve in Richtung der Bruchkante zeichnen.

Schritt 26

Zum Abflachen der Kurve das Lineal umdrehen und die Linie möglichst gerade bis zur Bruchkante weiterzeichnen. Die Kurven sollten möglichst flach sein, sonst lässt sich die Kante später schwer säumen.

Schritt 27

An der Linie entlang durch beide Stofflagen schneiden und das abgeschnittene Teil als Schablone für die andere Seite verwenden.

Schritt 28

Jetzt nur noch die Unterkante des Tops mit einem doppelt eingeschlagenen Saum versäubern. Dafür rundherum zweimal 1,5 cm einschlagen und bügeln. Mit einem Geradstich festnähen. Falls sich der Saum wölbt, muss die Kante vor dem ersten Einschlagen an den Kurven etwas eingeschnitten werden. Dabei nicht zu tief schneiden, damit die Einschnitte später innen nicht sichtbar sind. Zum Schluss nach Belieben zur Verzierung Knöpfe anbringen.

WOLLDECKEN-MANTEL

Das war eines der ersten Kleidungsstücke, die ich ganz ohne Schnittmuster anhand von ein paar Körpermaßen genäht habe. Die Decke dazu habe ich im Secondhandladen gefunden – die Farben haben mir sofort gefallen, und die Wolle ist superweich. Der Mantel ist perfekt für einen Herbstspaziergang oder kühle Sommernächte. Ihr braucht eine ziemlich große Decke, mindestens 2 x 2 m, damit sie auch für die Ärmel und Taschen reicht. Ihr müsst sie locker um euch legen können. Als Alternative eignet sich auch Wollwalk sehr gut. Auf dem Foto rechts seht ihr eine Version mit schmaleren Vorderseiten, weil die Decke nicht größer war. Für die Anleitung habe ich Meterware (Walk) verwendet, von der ich etwas mehr hatte und so einen schönen großen Kragen nähen konnte. Passt den Schnitt einfach an das Material an, das ihr zur Hand habt!

ECKDATEN

Ihr braucht

- Große Wolldecke oder Wollwalk, 2–3 m
- Stickgarn (optional)
- Große Knöpfe (optional)
- Obertransportfuß und Knopflochfuß (optional)
- Schneiderpuppe in eurer Größe (optional)

Ihr lernt

- Schnittteile zusammensetzen
- Schnitt direkt auf Stoff zeichnen
- Drapiertechniken
- Handnähtechniken
- Maschinennähtechniken

Körpermaße

- Brustumfang + Achselweite = max. benötigte Stoffbreite (A)
- Gesamtlänge + Kragenhöhe + 3 cm Nahtzugabe (B)
- Schulterabstand + 3 cm Nahtzugabe, geteilt durch 2 (C)
- Achseltiefe + Kragenhöhe + 3 cm Nahtzugabe (D)
- Kragenhöhe + 1,5 cm Zugabe (E)
- Schulterbreite + 1,5 cm Nahtzugabe (F)
- Armlänge + 3 cm Zugabe (G)
- Achseltiefe x 2 + 10 cm Zugabe (H)
- Ärmelsaumumfang + 3 cm, geteilt durch 2

Nahtzugabe

1,5 cm

Schritt 1

Rechteckiges Stoffstück zuschneiden: Breite = Wert A, Höhe = Wert B. Wer eine Decke benutzt, sollte den Mantel nicht zu lang nähen, damit noch Material für die Ärmel übrig bleibt – etwa 50 cm, je nachdem, wie lang eure Arme sind.

Schritt 2

Stoff rechts auf rechts in der Mitte falten und eine Stecknadel an die Bruchkante stecken. Das ist die hintere Mitte.

Schritt 3

An der oberen Kante von der Bruchkante aus den Schulterabstandswert (C) markieren. Dafür eine Stecknadel durch beide Stofflagen stecken.

Schritt 4

Von diesem Punkt den Achseltiefenwert (D) nach unten abmessen und mit einer weiteren Stecknadel markieren.

Schritt 5

Prüfen, ob der Schulterabstandswert an der unteren Stecknadel auch noch stimmt.

Schritt 6

Jetzt von der oberen Markierung bis zur unteren Markierung schneiden. Hier wird später das Armloch sein.

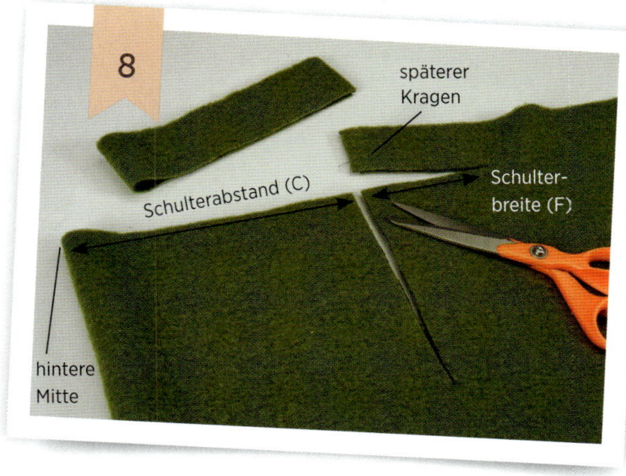

Schritt 7

Von der Stoffkante aus nach unten den Kragenhöhenwert (E) anzeichnen. Auf dieser Höhe vom Einschnitt aus nach links bis zur Bruchkante und nach rechts so weit, wie die Schulterbreite (Wert F) geht, beide Stofflagen zusammenstecken.

Schritt 8

Entlang dieser Markierung bis zum Ende der Schulterbreite schneiden. Die Lasche rechts vom ersten Einschnitt wird später der Kragen. Wie unten beschrieben die zwei kurzen Enden mit einer Kappnaht verbinden.

Nähen mit Obertransportfuß

Für dieses Projekt würde ich statt dem Standardnähfuß einen Obertransportfuß einsetzen. Der Obertransportfuß ist hilfreich beim Zusammennähen zahlreicher oder dicker Stofflagen, rutschiger Stoffe oder von Stoffen mit Flor. Die meisten Nähmaschinen haben nur unten einen Transporteur, weshalb sich die obere Stoffschicht manchmal beim Nähen verschiebt, weil sie sich langsamer bewegt. Der Obertransportfuß gleicht das aus, weil er auch die obere Stofflage aktiv transportiert. Wenn der Stoff sehr dick ist, solltet ihr die Stichlänge vergrößern, damit nicht zu viel Spannung auf dem Faden ist. Wer keinen Obertransportfuß hat, sollte die Stofflagen sehr gut feststecken oder per Hand zusammenheften.

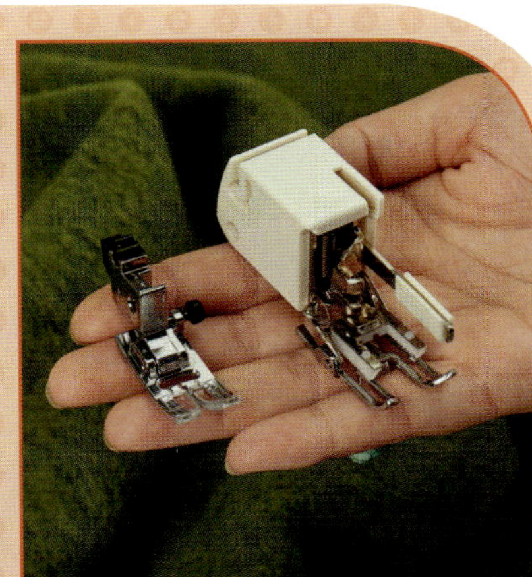

Technik: Kappnaht

Kragenteile links auf links zusammenstecken (A) und an den Enden mit einem Geradstich zusammennähen. Die offenen Schnittkanten werden nun mit einer Kappnaht versäubert. Dafür zuerst eine der Nahtzugaben ganz knapp an der Naht abschneiden (B). Dann die andere Nahtzugabe um die gekürzte Nahtzugabe herumlegen (C). Mit Stecknadeln fixieren und entlang der Einschlagkante mit einem Geradstich festnähen (D).

Schritt 9

Jetzt zum Anprobieren die Schultern zusammenstecken: Links auf links zuerst die Kragennaht an die hintere Mitte stecken, dann weiter entlang der Kante bis zum Ende der Schulter. Auf der anderen Seite wiederholen. Vor einem Spiegel den Mantel anprobieren. Sitzt er gut auf den Schultern? Falls nicht, die Schultern eventuell etwas abrunden. Ist er unter dem Arm zu eng? Hier werden ja noch die Nahtzugaben weggenäht, also schlagt den Stoff einmal 1,5 cm ein. Vielleicht sind die Armlöcher dann schon nicht mehr zu eng.

Schritt 10

Den gesamten Schulterbereich wie beim Kragen mit einer Kappnaht schließen.

Schritt 11

Für eine gute Passform müssen wahrscheinlich noch die Armausschnitte verändert werden. Mantel auf eine Schneiderpuppe hängen.

Schritt 12

Den Ausschnitt unter dem Arm beginnend rundherum in Form schneiden, dabei an der Armform der Schneiderpuppe orientieren. Dabei aber an die Nahtzugabe denken, also 1,5 cm mehr stehen lassen. Weggeschnittenes Stoffstück beiseitelegen. Wer sich nicht traut, sofort loszuschneiden, kann zuerst die gedachte Nahtlinie mit Schneiderkreide anzeichnen und dann mit zusätzlicher Nahtzugabe ausschneiden.

Schritt 13

Mit dem abgeschnittenen Stoffstück als Schablone die andere Seite ebenso zurechtschneiden. So entstehen ganz schnell zwei symmetrische Armausschnitte.

Schritt 14

Für eine Weste (siehe Seite 121) einfach hier aufhören und die Ärmel weglassen. Die Armlöcher und alle restlichen Kanten können mit einem dekorativen Schlingenstich umnäht werden.

Schritt 15

Jetzt kommen die Ärmel: Mantel flach auf den Tisch legen. Der Stoff für die Ärmel muss mindestens so lang wie der Armlängenwert (G) und für jeden Ärmel doppelt so breit wie der Achseltiefenwert (H) sein. Stoff links auf links falten und unter den Armausschnitt am Mantel legen. Dabei sollten links unter der Armlochkante wenigstens 3 cm und unten 7,5 cm überstehen. In dieser Position wird nun die Ärmelform aufgezeichnet.

Schritt 16

Die Schulterlinie liegt bündig an der Bruchkante des Ärmelstoffs. Mit Schneiderkreide die Kurve des Armausschnitts nachzeichnen. Dann an der Seitenkante des Mantels noch 5 cm nach unten zeichnen. Wenn der Armausschnitt vorn und hinten sehr unterschiedlich ist, muss das auf der anderen Stoffseite noch einmal wiederholt werden. Dabei den Mantel an der gleichen Position auflegen. Außerdem mit Schneiderkreide kenntlich machen, wo die Ärmelvorderseite ist. Jetzt wird der Mantel wieder abgenommen und nur noch an der Armform gearbeitet.

Schritt 17

Von der Achselposition aus entlang der Kurve 5 cm nach oben messen. Die untere 5-cm-Markierung ist bereits eingezeichnet. Mit Schneiderkreide diese zwei Punkte mit einer flachen Kurve verbinden. Auf der anderen Seite wiederholen, falls sie anders geformt ist.

Schritt 18

Restliche Ärmelform zeichnen: Messt die Länge eures Arms aus und markiert diese mit Schneiderkreide oder Stecknadel. Von diesem Punkt aus muss auch die Ärmelsaumbreite eingezeichnet werden: Maßband um das Handgelenk legen und bestimmen, wie eng der Ärmel dort werden soll. 3 cm Nahtzugabe zugeben und das Ergebnis durch 2 teilen. Diese untere Ärmelbreite von der Bruchkante aus nach unten anzeichnen. Diese Markierung mit der Markierung am Ende der Armlochkurve verbinden. Auf der anderen Seite wiederholen, falls der Armausschnitt dort anders geformt ist. Vor dem Ausschneiden nur(!) an der Armkugel 3 cm Nahtzugabe zugeben. Zum Zuschneiden des zweiten Ärmels den eben ausgeschnittenen Ärmel rechts auf rechts auf den Stoff legen, feststecken und vorsichtig ringsherum schneiden. Vor dem Entfernen der Stecknadeln wieder mit Schneiderkreide markieren, welche Seite des Ärmels vorn ist.

Schritt 19

Einen Ärmel rechts auf rechts in der Mitte falten und die geraden Kanten zusammenstecken. Die Ärmelnaht mit einem Geradstich schließen. Beim anderen Ärmel wiederholen.

Schritt 20

Zum gleichmäßigen Einsetzen der Armkugel in das Oberteil nähen wir eine Einhaltenaht und machen einen kleinen Knips als Referenzpunkt für später: Bei flachliegendem Ärmel am oberen Ende der Armkugel in der Stofffalte einen Knips setzen – hier muss der Ärmel später auf die Schulternaht treffen. Dann ca. 8–10 cm von der Ärmelnaht entfernt zu beiden Seiten eine Stecknadel stecken. Hier beginnt und endet die Einhaltenaht. Eine Einhaltenaht ist ein langer Geradstich, mit dem der Stoff etwas zusammengezogen und geformt wird, sodass die Armkugel in das Armloch passt.

Schritt 21

Stichlänge an der Maschine auf den Maximalwert einstellen. An der ersten Stecknadel beginnend nach oben an der Kurve der Armkugel entlangnähen, am Knips vorbei bis zur anderen Stecknadel. Wenn ihr auf die Ärmelnaht trefft, näht ihr in die falsche Richtung. Nicht verriegeln. Wenn euer Material sehr dick ist, müsst ihr das möglicherweise per Hand machen. Dafür einen Heftstich verwenden und am Ende nicht verknoten. Jetzt vorsichtig am Faden ziehen, sodass das Material etwas gerafft wird. Das muss nicht viel sein, aber die Raffung muss gleichmäßig verteilt werden, damit sich keine Falten bilden. Ärmel rechts auf rechts in das Armloch des Mantels stecken. Dafür zuerst die Schulternaht an den Knips und die Ärmelnaht an die Seitenkante des Mantels stecken. Passt außerdem auf, dass die vordere Seite der Ärmel jeweils zur Vorderseite des Mantels zeigt. Stecknadeln im rechten Winkel zur Stoffkante stecken, nicht parallel. So, finde ich, sieht man besser, wo eventuell etwas zurechtgerückt werden muss, und der Ärmel lässt sich leichter einnähen.

Schritt 22

Den Anschiebetisch der Nähmaschine abnehmen, sodass der schmale Freiarm zum Vorschein kommt. Damit lassen sich Arme und Ärmelsäume einfacher nähen, weil sie über den Freiarm gestülpt werden können. Ärmel noch immer mit größtmöglicher Stichlänge und 1,5 cm Nahtzugabe rundherum festnähen, aber nicht verriegeln.

Schritt 23

Anschließend den Ärmel auf rechts drehen und prüfen, ob irgendwo Falten entstanden sind. Falls ja, einfach die Heftstiche wieder auftrennen und noch einmal nähen. Wenn alles gut aussieht, noch einmal mit der zu Anfang des Projekts verwendeten normalen Stichlänge über die Heftnaht nähen, um den Ärmel richtig festzunähen. Beim anderen Ärmel wiederholen. Das Tolle an Wollwalk ist, dass die Kanten nicht versäubert werden müssen, weil die Fasern so fest verbunden sind, dass nichts ausfransen kann. Falls ihr aber Knöpfe möchtet, würde ich die Knopflöcher mit Stickgarn im Schlingenstich umnähen. Der Schlingenstich wirkt auch an den Außenkanten sehr dekorativ!

GUTER TIPP!

Wenn noch etwas Stoff übrig ist, bringt doch noch Taschen an! Eine Anleitung findet ihr auf Seite 130, eine Nahaufnahme auf Seite 116. Tada! Ein vollwertiger Mantel.

Technik: Knopflöcher per Hand nähen

Ermittelt die Position der Knöpfe, indem ihr den Mantel anprobiert und die Position mit einer Stecknadel markiert. Mantel ausziehen und Knopf auf die Stecknadel legen. Stecknadeln zu beiden Seiten des Knopfes stecken, um die erforderliche Knopflochgröße zu markieren (A).

Mit normaler Stichlänge (wir nähen ja nur noch durch eine Stofflage) ein schmales Rechteck zwischen den beiden Stecknadeln nähen (B). Mit einem Nahttrenner das Knopfloch aufschneiden. Die Stecknadeln stecken genau vor den kurzen Nähten und sorgen dafür, dass nicht versehentlich in diese hineingeschnitten wird (C). Mit Nadel und Stickgarn das Knopfloch mit einem Schlingenstich versäubern (D).

Könnt ihr euch auch nie merken, auf welche Seite die Knopflöcher gehören? Dann habe ich eine Eselsbrücke für euch: Frauen haben immer recht! ... Sorry, Jungs. Für Frauen liegt also die rechte Seite immer oben auf. Das gilt auch für Hosenschlitze und Knöpfe am Bund.

LATZ-KLEID

Latzhosen liebe ich ja genauso wie Fransen. Davon kann ich nie genug haben. Deshalb durfte ein Projekt mit Latz auch in diesem Buch nicht fehlen. Dieses Latzkleid ist ein simpler Schnitt, der durch Anpassung des Ausschnitts oder der Taschen ganz einfach abgewandelt werden kann. Ich habe hier zwei Optionen für euch: aufgesetzte Taschen oder Nahttaschen, Tunika oder geknöpfte Träger!

ECKDATEN

Ihr braucht

- 1–2 m Leinen, Denim oder Cord
- 50 cm Bügeleinlage
- Schnittmusterpapier oder Zeitung

Ihr lernt

- Schnitt abändern
- Alternative Taschenarten
- Schnittteile zusammensetzen
- Papierschnitt zeichnen
- Maschinennähtechniken

Körpermaße

- Achselweite + 3 cm Nahtzugabe (A)
- Gesamtlänge + 5 cm Naht- und Saumzugabe (B)
- Trägerbreite + 3 cm Nahtzugabe (C)
- Seitenteilbreite: Von der Hälfte eures größten Maßes (z. B. Hüftumfang) die Achselweite abziehen, dann 8 cm Bequemlichkeits- und Nahtzugabe addieren (D)
- Seitenteillänge: gewünschte Gesamtlänge minus Unterbrusttiefe + 7 cm (E)
- Unterbrusttiefe + 5 cm = Beleglänge (F)
- Abnäherbreite / 4 = Seitenteilanpassung (G)

Nahtzugabe

1,5 cm

Schritt 1

Für das Vorder- und das Rückenteil (die Hauptteile) des Kleids zuerst eine rechteckige Form auf Papier aufzeichnen und ausschneiden: Breite = Achselweitenwert (A), Länge = Gesamtlängenwert (B). Der Länge nach in der Mitte falten, und den Mittelpunkt mit einer kleinen Kerbe markieren. (Erschreckt nicht, wenn das Teil sehr schmal wirkt. Es kommen ja noch die Seitenteile dazu.)

Schritt 2

An der offenen Ecke des gefalteten Papiers die Trägerbreite anzeichnen: Ich wollte 5 cm breite Träger, habe also entlang der Kante 8 cm eingezeichnet (Wert C).

Schritt 3

Ausschnittform festlegen: Ich wollte einen ziemlich tiefen Ausschnitt und habe von der Mitte aus 23 cm nach unten gemessen. Wer sich nicht sicher ist, hält das Papierschnittteil an die Schultern und zeichnet an, bis wohin der Ausschnitt gehen soll. Zwischen diesen zwei Referenzpunkten mit der Schneiderkurve die Ausschnittform auf das gefaltete Papier zeichnen.

Schritt 4

Ausschnitt durch beide Papierlagen gleichzeitig ausschneiden. Dadurch wird er schön symmetrisch. An der Bruchkante erneut eine Kerbe für die Mitte einschneiden.

Schritt 5

Für das Seitenteil auf Papier ein Rechteck mit der Seitenteilbreite (D) und der Seitenteillänge (E) aufzeichnen und ausschneiden. Der Länge nach in der Mitte falten und an der Bruchkante eine kleine Kerbe für die Mitte einschneiden. Jetzt habt ihr eure zwei Schnittteile, auf denen nur noch ein paar Dinge vermerkt werden müssen. Zuerst das Hauptteil und das Seitenteil beschriften, dann die Bruchkanten mit einem Stift nachziehen – das ist der Fadenlauf.

Schritt 6

Stoff so zusammenfalten, dass die Webkanten genau aufeinandertreffen. Schnittteile auf dem Stoff feststecken, dabei auf den Fadenlauf achten: Zum Überprüfen mit dem Maßband an mindestens zwei Stellen von der Webkante zur Fadenlauflinie auf dem Schnittteil messen. Wenn dieser Wert überall gleich ist, liegt das Teil genau im Fadenlauf.

Schritt 7

Stoffteile ausschneiden und Mittenmarkierungen mit einem Knips auf den Stoff übertragen. Stecknadeln und Papierschnittteile entfernen.

Schritt 8

Ausschnittbelege zuschneiden: Wieder das Hauptdetail zur Hand nehmen. Wir brauchen nur den oberen Bereich. Schnittteile genau wie in Schritt 6 auf den Stoff legen, dieses Mal aber nur bis unter die Brust (Wert F) schneiden. (Ich habe an diesem Punkt mein Papierschnittteil hochgeklappt, um nicht hineinzuschneiden.) Nicht vergessen, die Mittenmarkierungen zu übertragen. Die gleiche Form muss außerdem einmal aus Bügeleinlage zugeschnitten werden. Einlage auf die linke Seite eines der Stoffteile bügeln. Stoff in der Mitte falten, sodass die Ausschnittkanten und die seitlichen Schnittkanten aufeinandertreffen, und zusammenstecken. Von der Mittenmarkierung aus 5 cm nach unten messen und mit Schneiderkreide markieren. Horizontal weiterzeichnen bis etwa zur Trägerbreite, dann schräg nach unten zur Ecke hin, sodass der Beleg unten noch ca. 2 cm breit ist. Diesen Bereich ausschneiden und das ausgeschnittene Teil als Schablone für das andere Belegteil verwenden.

Schritt 9

Die eben geformte Unterkante an beiden Belegteilen mit einem Zickzackstich oder der Overlock versäubern. Die anderen Kanten werden später nicht mehr sichtbar sein.

Schritt 10

Kleid zusammensetzen: Hauptteile rechts auf rechts aufeinanderlegen. Schulternähte stecken und mit einem Geradstich schließen. Nahtzugaben auseinanderbügeln.

Schritt 11

Noch am Bügelbrett die Seitenteile zur Hand nehmen. Jedes Seitenteil der Länge nach in der Mitte falten. Die rechte Stoffseite liegt dabei innen, und die Seitenkanten müssen genau aufeinandertreffen. Dann die Bruchkante gründlich bügeln. Das brauchen wir für später. Jetzt ein Seitenteil rechts auf rechts von unten beginnend an das Vorderteil stecken.

Schritt 12

Naht schließen: Weil wir später noch Anpassungen vornehmen wollen, die größtmögliche Stichlänge einstellen (Heftstich). Die Kanten unten beginnend mit einem Geradstich zusammennähen, aber 10 cm vor der Oberkante anhalten und verriegeln. Jetzt genauso das zweite Seitenteil mit dem Vorderteil verbinden und danach das Rückenteil annähen.

Schritt 13

Kleid auf links vor dem Spiegel anprobieren. Die Stecknadeln sollten in Reichweite sein. Alternativ geht das auch an der Schneiderpuppe. Erinnert ihr euch noch an die Falte, die wir in die Seitenteile gebügelt haben? Jetzt wird der Stoff an dieser Stelle zusammengenommen, bis das Kleid besser passt. Von oben bis unten mit Stecknadeln fixieren. Die gebügelte Falte sorgt dafür, dass die Abnäher schön gerade werden. Sie sind oben am breitesten und laufen nach unten hin aus. Bei Verwendung einer Schneiderpuppe vor dem Nähen noch einmal anprobieren.

Schritt 14

Wenn die Abnäher sehr groß sind – oben mehr als 3 cm tief von der Falte bis zur Stecknadel –, muss das Seitenteil angepasst werden. Zuerst die Abnähertiefe ausmessen, dann Stecknadeln entfernen und die Seitenteilnähte auftrennen. An der oberen Kante des Seitenteils von beiden Seiten nach innen die Hälfte der ausgemessenen Abnähertiefe anzeichnen. Eine gerade Linie von diesen Punkten zu den unteren Ecken ziehen. Entlang dieser Linien schneiden. Am besten diese Anpassung auch auf dem Papierschnittteil anzeichnen, falls ihr das Kleid noch einmal nähen möchtet. Anschließend das Seitenteil wieder an die Hauptteile nähen (mit normaler Stichlänge) und erneut die Abnäher stecken.

Schritt 15

Den ersten Abnäher einnähen, beginnend an der Oberkante: Stoff so unter die Maschine legen, dass in Richtung der letzten Stecknadel genäht wird. Am Anfang das Verriegeln nicht vergessen und dann bis zur letzten Stecknadel nähen. Die Naht muss bis an die Kante gehen. Fäden verknoten wie beim verkehrten Hemd (siehe Seite 59) oder mit einem Rückstich sichern, der allerdings auf dem Abnäher, nicht auf der Naht erfolgt. Vor dem Nähen des anderen Abnähers vergewissern, dass er genauso groß ist: genähten Abnäher auf den gesteckten Abnäher legen. Die Stecknadeln sollten an der gleichen Stelle wie die Nahtlinie sein. Bei Bedarf umstecken, dann nähen. Den ersten Abnäher zu einer Seite bügeln. Dort, wo er hinzeigt, ist das Rückenteil. Den anderen Abnäher ebenfalls zum Rückenteil hin bügeln.

Schritt 16

Oberkante des Seitenteils säumen: Oberkante zweimal 1,5 cm einschlagen, bügeln und feststecken. Wir haben die Seitennähte nicht bis ganz nach oben genäht, damit dieser Schritt einfacher ist. Den Saum mit einem Geradstich füßchenbreit festnähen. Wenn das auf beiden Seiten erledigt ist, können die noch offenen Abschnitte der Seitennähte geschlossen werden. Dabei auf der ersten Naht zu nähen beginnen.

Schritt 17

Beleg annähen: Schulternähte der Belege wie in Schritt 10 bei den Hauptteilen schließen und Nahtzugaben auseinanderbügeln. Der nächste Schritt macht sich am einfachsten auf der Schneiderpuppe. Beleg rechts auf rechts auf das Kleid legen, sodass die Schulternähte aufeinandertreffen. An den Schultern zusammenstecken.

Schritt 18

Als Nächstes die Mittenmarkierungen zusammenstecken.

Schritt 19

Restliche Ausschnittkanten zusammenstecken.

Schritt 20

Rund um den Ausschnitt den Beleg mit einem Geradstich festnähen. Nahtzugaben einschneiden und kürzen, damit der Ausschnitt später schön anliegt.

Schritt 21

Ausschnitt wenden und die Kante exakt bügeln. Dabei muss die Naht bis fast an die Kante geschoben werden, sie darf nicht zwischen den Stofflagen verschwinden. Zum Fixieren der Kante und als dekoratives Detail den Ausschnitt rundherum füßchenbreit absteppen. Dann die seitlichen Schnittkanten 1,5 cm einschlagen und bügeln, sowohl am Vorder- und Rückenteil als auch an den Belegen. Nach der Anleitung auf der nächsten Seite an den senkrechten Seitenteilen falsche Kappnähte fertigen.

Technik: Falsche Kappnaht

Jetzt machen wir aus den Nähten, die die Hauptteile mit den Seitenteilen verbinden, falsche Kappnähte. Alle Nahtzugaben zum Vorder- bzw. Rückenteil hin bügeln (A). Die untere Nahtzugabe jeweils auf die Hälfte zurückschneiden, und zwar bis zur Oberkante der Seitenteile (B). Dabei aufpassen, nicht in den Oberstoff, die Nähte oder die andere Nahtzugabe zu schneiden. Dann mit der Zackenschere genau an der Kante der oberen Nahtzugabe entlangschneiden, wieder bis zur Oberkante der Seitenteile (C). Alternativ kann die Nahtzugabe auch mit einem Zickzackstich versäubert werden. Dann die obere, breitere Nahtzugabe noch einmal über die kürzere bügeln. Diese Schritte an allen vier Seitennähten durchführen.

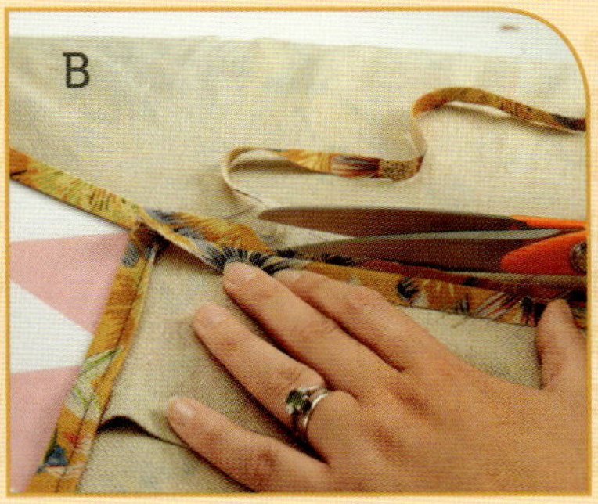

Schritt 22

Falsche Kappnähte werden normalerweise durch Absteppen fixiert. Wir stecken aber zuerst den Beleg fest und achten darauf, dass alles schön glatt liegt und die eingeschlagenen Kanten genau aufeinandertreffen.

Schritt 23

Jetzt an der Unterkante beginnend entlang der Kappnaht absteppen, sodass alle Schnittkanten gefasst werden. Dann weiter entlang der Belegkante bis zur anderen Seite des Kleids und auch dort wieder entlang der Kappnaht bis nach unten nähen. Ich nähe dabei immer füßchenbreit. An der anderen Seite wiederholen.

Schritt 24

Ich persönlich finde ja, dass jedes Kleidungsstück Taschen braucht, aber ihr könnt natürlich auch auf sie verzichten. Praktischerweise können wir für die Taschen gleich den Stoff verwenden, den wir am Ausschnitt U-förmig weggeschnitten haben. An der gerade Oberkante den Stoff zweimal 1,5 cm einschlagen und absteppen. Dann die größtmögliche Stichlänge einstellen und an der Oberkante beginnend füßchenbreit rund um die U-Form nähen. Vorsichtig am Unterfaden ziehen, sodass der Stoff etwas gerafft wird. Die Raffung zur unteren Hälfte der Tasche schieben. Dabei biegen sich die Schnittkanten nach innen, besonders, wenn ihr eure Hand in Richtung der Nahtlinie schiebt.

Schritt 25

Schnittkanten nach innen bügeln. Das sorgt dafür, dass die Tasche unten schön gleichmäßig gerundet ist. Dann die Tasche in der Mitte falten und die Bruchkante leicht bügeln. Diese Schritte bei der anderen Tasche wiederholen. Kleid vor dem Spiegel anprobieren. Mit der rechten Hand (oder der linken, wenn ihr Linkshänder seid) ausprobieren, auf welcher Höhe die Taschen sitzen sollen, und mit einer Stecknadel markieren, wo die Fingerspitzen enden. Kleid ausziehen und auf das Bügelbrett legen. Tasche so auflegen, dass die Unterkante an der Stecknadel und die Bügelfalte an der Falte/dem Abnäher im Seitenteil ausgerichtet ist. Feststecken und auf der anderen Seite wiederholen.

Schritt 26

An der gebogenen Kante absteppen und gleichzeitig festnähen.

GUTER TIPP!

Am besten den Anschiebetisch von der Nähmaschine abnehmen. Dann bekommt ihr das Kleid besser unter die Nadel und näht nicht aus Versehen in die falsche Stofflage.

Schritt 27

Jetzt müsst ihr an der Unterkante des Kleids nur noch den Saum doppelt einschlagen und festnähen.

GEKNÖPFTE VARIANTE

Wenn euer Kleid einen richtigen Latz haben soll, faltet das Schnittmuster unter dem Ausschnitt nach unten, damit es gerade abschließt.

Technik: Geknöpfte Träger

Ausschnitt begradigen. Bis zu Schritt 16 nach der Anleitung vorgehen. Vor dem Anbringen der Belege müssen die Träger genäht werden. Die Breite bleibt euch überlassen. Ich mag sie 3 cm breit. Weitere 3 cm als Nahtzugabe hinzufügen. Wenn der Beleg wie bei mir aus Kontraststoff genäht werden soll, braucht ihr für die Träger vier Streifen, zwei aus dem Oberstoff und zwei aus dem Belegstoff. Diese müssen doppelt so lang sein wie bei der Tunikavariante (von der Schulter bis zur unteren Ausschnittkante) plus 10 cm.

Trägerteile paarweise rechts auf rechts an den langen Seiten zusammennähen, dabei an einer Stelle eine kleine Wendeöffnung lassen. Ecken schräg abschneiden und wenden. Träger sauber bügeln und absteppen. Vor dem Annähen der Belege müssen die Träger an das Rückenteil angenäht werden. Das offene Ende verschwindet dadurch in der Naht (A). Dann die Belege gemäß der Anleitung zusammennähen (B).

An der Vorderseite mit der Nähmaschine zwei Knopflöcher nähen – eins in jeder Ecke. Dann das Kleid vor dem Spiegel anprobieren, die Träger über die Schultern legen, das Kleid auf der gewünschten Höhe halten und eine Stecknadel durch ein Knopfloch stecken, um auf dem Träger die Knopfposition zu markieren. Position auf den anderen Träger übertragen und Knöpfe annähen (C). Fertig!

A

B

C

Technik: Nahttasche

Die Nahttaschen werden zwischen Vorderteil und Seitenteil gelegt, bevor die Seitennähte geschlossen werden. Zum Zeichnen des Schnittteils legt ihr eine Hand auf Papier und zeichnet eine Taschenform darum herum. Am Eingriff muss die Tasche eine gerade Kante haben (A). Dieses Schnittteil zweimal in doppelter Stofflage zuschneiden. Dann habt ihr vier Taschenteile.

Taschenposition zuerst an der Seitenkante des Vorderteils mit einem Knips markieren, dann an der gegenüberliegenden Stelle auch am Seitenteil einknipsen. Taschenteile am Knips rechts auf rechts auf das Vorderteil und auf das Seitenteil legen, feststecken und mit einem Geradstich an der Seitenkante festnähen (B). Taschenteile nach außen bügeln und knapp neben der Taschennaht untersteppen. Dadurch kann der Taschenstoff später nicht herausschauen. An der anderen Seite wiederholen (C)

Dann Vorder- und Seitenteil nach der Anleitung rechts auf rechts zusammennähen. An der Tasche angelangt jedoch nicht weiter geradeaus nähen, sondern um die Taschenkontur herum (D). Beim Drehen des Stoffs die Nadel immer im Stoff lassen. Schnittkante mit Zackenschere oder Zickzackstich versäubern. An der anderen Seite wiederholen.

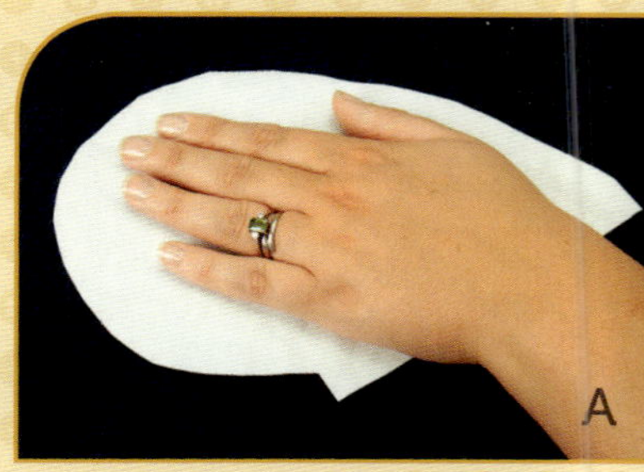

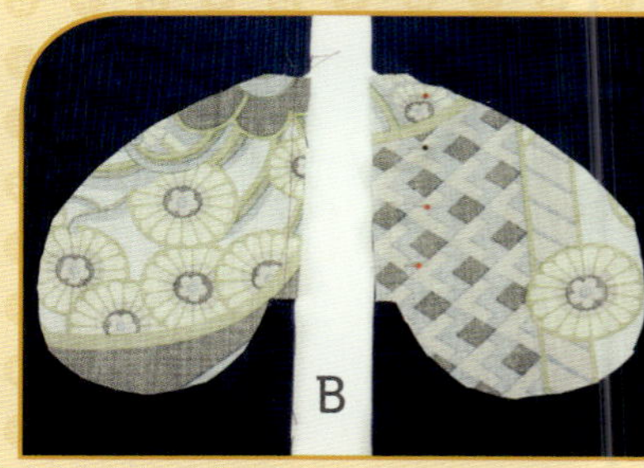

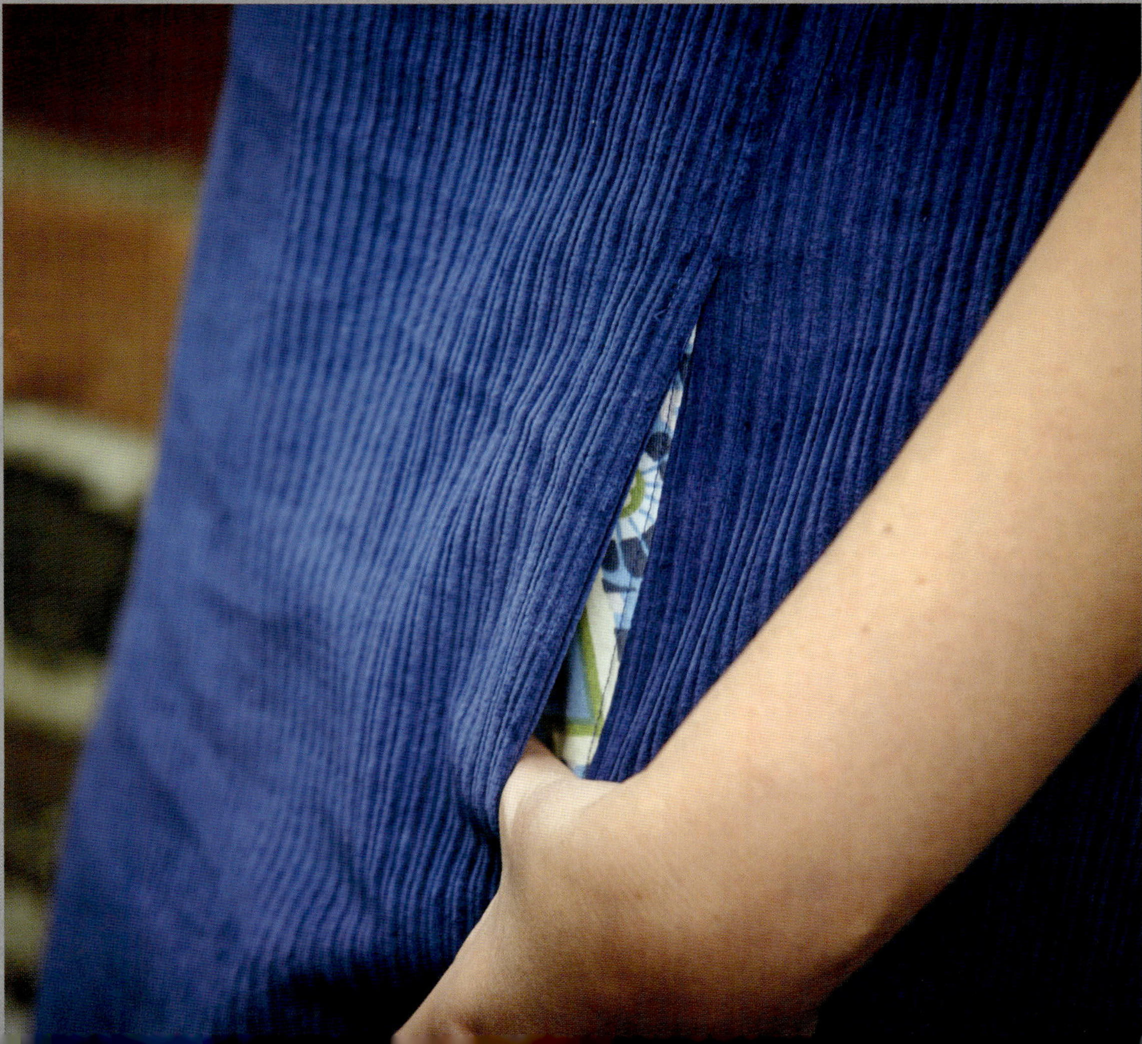

WICKELHOSE

Diese Hose versetzt mich sofort wieder in die Zeit meines Studiums in Brighton zurück. Ich hatte auf einem Festival eine Wickelhose gekauft und sie seitdem praktisch nie wieder ausgezogen. Das Design war simpel, aber man konnte sie super zu allem kombinieren. Außerdem lässt sich durch Versetzen der Knöpfe die Größe verstellen, wenn man ab- oder zunimmt. Leider hat meine Lieblingshose nach vielem Tragen und Waschen irgendwann das Zeitliche gesegnet … was mir aber Gelegenheit gibt, sie hier wieder zum Leben zu erwecken!

ECKDATEN

Ihr braucht

- 2–3 m (je nach Länge) leichtes Polyestergemisch oder Leinen
- 50 cm Bügeleinlage
- Knopf und Knopflochfuß
- Druckknopf zum Aufnähen

Ihr lernt

- Passform anpassen (Grundlagen)
- Schnittteile zusammensetzen
- Schnitt direkt auf Stoff zeichnen
- Maschinennähtechniken

Körpermaße

- Bundweite / 2 + 4,5 cm Naht- und Saumzugabe (A)
- Schritt + 3 cm Nahtzugabe (B)
- Hosenlänge ab Taille + 4,5 cm Naht- und Saumzugabe (C)

Nahtzugabe

1,5 cm

Schritt 1

Je nach der Stoffbreite und eurem Taillenumfang müsst ihr möglicherweise zwei Stoffstücke zusammennähen, um auf die benötigte Breite zu kommen (wenn ihr den Stoff um die stärkste Stelle eures Pos legen könnt und noch etwa 23 cm übrig habt, dann reicht die Breite). Wenn ihr zwei Stoffstücke zusammennähen müsst, nehmt die Nahtlinie als Bruchkante und fahrt wie folgt fort: Stoff in der Mitte falten, sodass die Webkanten aufeinandertreffen, und die mittige Bruchkante bügeln. An diesem Ausgangspunkt orientieren wir uns von nun an. Stoff öffnen, die linke Seite liegt oben. Von der Bruchkante nach links 5 cm abmessen und mit Schneiderkreide markieren. Diese Seite außerdem als Vorderseite kennzeichnen. Dann von der Bruchkante nach rechts 8 cm abmessen und markieren und diese Seite als Rückseite kennzeichnen.

1

Schritt 2

Den Anfang des Maßbands an die linke Markierung und die dem Schrittmaß (B) entsprechende Stelle an die rechte Markierung anlegen, sodass eine schöne U-Form gebildet wird. Die Kontur mit Schneiderkreide nachzeichnen und dann das U ausschneiden. Links ist nun die vordere Mitte, rechts die hintere Mitte.

Schritt 3

Jetzt kann die Beinform aufgezeichnet werden. Von der rechten Kante der U-Form ausgehend den Bundweitenwert (A) anzeichnen. Auf der anderen Seite wiederholen. Jetzt müsst ihr entscheiden, wie lang die Hose werden soll. Ich habe mich für eine Culottes-Länge entschieden, aber von Shorts bis zur langen Hose ist alles möglich. Hosenlänge (C) an beiden Seitenkanten mit Schneiderkreide markieren. An der oberen Kante den Abstand zwischen Webkante und Bundweitenmarkierung ausmessen und diesen Abstand entlang der Seitenkante bis hinunter zur Hosenlängenmarkierung mehrmals anzeichnen. Dann all diese Markierungen verbinden, um eine gerade Hosenbeinlinie zu erhalten. Auf der anderen Seite wiederholen. Vorsichtig entlang der Hosenbeinlinien schneiden. Das fertige Schnittteil als Schablone für die andere Seite verwenden, dabei das fertige Teil unbedingt rechts auf rechts auf den Stoff stecken, damit ihr am Ende ein rechtes und linkes Teil habt. Beide Beine auf einmal zuschneiden würde ich nicht, denn bei einem so großen Teil können leicht Fehler passieren.

Schritt 4

Zum Zusammensetzen der Hose den Schrittbereich rechts auf rechts zusammenstecken. Aufpassen, dass dabei die Vorderseiten und die Rückseiten jeweils aufeinanderliegen! Nahtzugaben auseinanderbügeln und versäubern. Jetzt ist tatsächlich schon das meiste geschafft! Nur noch der Saum und der Bund fehlen!

Schritt 5

Alle vier Seitenkanten zweimal 1,5 cm einschlagen, bügeln und mit einem Geradstich festnähen.

Schritt 6

Für den Bund braucht ihr 2 Stoffstreifen: einer ist etwa doppelt so lang wie der Bundweitenwert und 10 cm breit; der andere ist so lang wie der Bundweitenwert und ebenfalls 10 cm breit. Außerdem müssen zwei Streifen aus Bügeleinlage zugeschnitten werden, die die gleichen Längen haben, aber nur 5 cm breit sind. Bügeleinlage jeweils links auf eine Seite der Bundstreifen bügeln. Beide Streifen falten, um die Mitte der langen Seiten zu bestimmen, und diese jeweils mit einer Kerbe oder Schneiderkreide markieren. Den längeren Bundstreifen rechts auf rechts auf die Rückseite der Hose legen, sodass die Mittenmarkierung auf die hintere Mitte trifft.

Schritt 7

Feststecken und mit einem Geradstich annähen.

Schritt 8

Die überhängenden Enden des Bundstreifens rechts auf rechts längs in der Mitte falten und feststecken. An einem Ende an der Bruchkante beginnend zur Ecke hin nähen. Nadel im Stoff lassen, um 90° drehen und weiter bis fast zu dem Punkt nähen, wo das Hosenbein angenäht ist.

Schritt 9

Ecken schräg abschneiden und das Band wenden. Ecken schön ausformen, z. B. mit einem Essstäbchen. Auf der anderen Seite wiederholen.

Schritt 10

Wenn das gesamte Band gewendet ist, den mittleren Teil mit eingeschlagener Nahtzugabe feststecken. Das gesamte Band rundherum absteppen. Das sieht professionell aus und hält außerdem das Band in Form.

Schritt 11

Schritt 6–10 wiederholen, um den anderen, kürzeren Bundstreifen genauso an die Vorderseite der Hose zu nähen.

Nähen mit Knopflochfuß

Mit einem Knopflochfuß lassen sich Knopflöcher am schnellsten und genauesten nähen. Dieses clevere Teil misst den Knopf aus und bestimmt dadurch die Knopflochgröße. Lest dazu in der Bedienungsanleitung eurer Nähmaschine nach. Wer keinen Knopflochfuß hat, kann wie auf S. 120 beschrieben vorgehen, aber mit einem ganz engen kleinen Zickzack statt mit Geradstich. Am besten vorher üben!

Schritt 12

Nehmt das kürzere Band an der Vorderseite her. An ein Ende entsprechend der Bedienungsanleitung ein Knopfloch nähen, dabei liegt die rechte Seite oben. Vor dem Öffnen des Knopflochs beidseitig ganz kurz vor die Naht eine Stecknadel stecken. Mit einem scharfen Nahttrenner das Knopfloch aufschneiden. Die Stecknadeln sorgen dafür, dass ihr nicht aus Versehen zu weit schneidet.

Schritt 13

Hose verkehrt herum anziehen, sodass ihr das Band mit dem Knopfloch vorn auf den Bauch legen könnt. Das Ende mit dem Knopfloch über das andere Ende legen, sodass die Weite bequem ist. Mit einer Stecknadel markieren, wo das Knopflochband endet. Hose ausziehen. Das Knopflochband wieder an die gleiche Stelle legen und mit einer Stecknadel die Knopfposition markieren.

Schritt 14

Knopf mit doppelt liegendem Faden festnähen. Dabei eine Stecknadel unter den Knopf legen, damit er nicht zu eng angenäht wird. Faden hinter den Knopf führen und ein paar Mal herumwickeln, damit ein Steg entsteht. Nadel durch den Steg stechen, den Faden zweimal um die Nadel wickeln, festhalten und die Nadel herausziehen, um einen Knoten zu machen. Dann die Nadel unter dem Steg in den Stoff einstechen, an einer anderen Stelle des Bunds wieder austreten lassen und Faden abschneiden.

Schritt 15

An das Ende des Bands an dieser Seite einen Druckknopf annähen. Der sorgt nur dafür, dass das untere Band beim Tragen nicht sichtbar ist, muss also nichts halten.

Schritt 16

Jetzt an den Unterkanten der Hosenbeine einen doppelt eingeschlagenen Saum bügeln und feststecken. Vor dem Festnähen die Ecken schräg abschneiden, damit die Stelle nicht zu dick wird, erneut stecken und absteppen.

Schritt 17

Jetzt könnt ihr eure neue Hose tragen. Zuerst werden die Knöpfe im Rücken geschlossen ...

Schritt 18

... und dann die langen Bänder vorn zusammengebunden. Ich hoffe, ihr habt an dieser Hose genauso viel Freude wie ich!

INDEX

Erlernte Fertigkeiten: